イノベーションを生む
ワークショップの
教科書

i.school流
アイディア創出法

堀 井 秀 之

日経BP

はじめに

　新型コロナウイルスの感染拡大により、100年に一度ともいえる大きな社会変化が起こっている。感染リスクを避けるために余儀なく生じている変化もあれば、変わらなければならないのにこれまで変わることができなかった物事が、コロナ禍によって急激に変化しているものもある。後者は、コロナ禍が収束しても元に戻ることはない。働き方の改革はその典型的な例である。

　日本企業はバブル崩壊後、イノベーションを生み出せる組織に変革しなければならないと叫ばれ続けてきた。なぜ昔のようにヒット商品が生まれないのか、などという質問ももう聞かれなくなってしまった。しかし、このコロナ禍で多くの日本企業が変わり始めている。変わらなければ未来がないという危機感が、目を背けることができないほど切実になっているのであろう。i.school に対する産業界からの相談が急増している。

　i.school はリーマンショック直後、2009年に東京大学でスタートしたイノベーション教育プログラムである。とても暗く、閉塞感が漂っていた当時、世界が称賛する製品やサービスを次々に生み出していく国を日本は目指すべきだと考えた。そのためには人を育てることが必要だと考え、i.school を立ち上げた。当時は、イノベーションといえば技術革新を指し、最先端科学技術の開発や研究者の養成にしか関心は向いていなかった。

　i.school は大学生、大学院生を対象とした教育プログラムで、1、2割の社会人とともに、ワークショップと呼ぶグループワークによりアイディアを創出する活動を実施している。i.school の特長は、ワークショップのプロセス、すなわち、どのような手順で作業を行っていくかという作業の過程に注目し、人間の創造性に関する学術的知見に基づいてワークショップのプロセスを設計することを目指している点にある。この特長は、筆者のバックグラウンドがデザインではなく、工学であることに由来するのであろう。設計は工学の原点である。

　最近は、産業界からの要請に応じて、企業や社会人向けのプログラムが増えてきた。他の類似プログラムを経験された方から、「i.school のワークショップは腑に落ちる」という評価を頂くことも多い。個人の技や感覚に頼るのではなく、新しくて有効なアイディアが生まれるようにワークショップのプロセスを設計していることが功を奏しているのではないか。

　ワークショップは体験学習の場である。行動による学びを最大化するために、グループワークの時間をできる限り多くしている。したがって、ワーク

ショップの背後にある枠組みや考え方を説明する時間は少ない。参加者から
は、どのようにワークショップを設計するのか、どのような枠組みを使って
いるのかをちゃんと教えてほしいという声をよく耳にする。本書は、そのよ
うな声に応えることも目的としている。したがって、理屈に偏った記述が多
くなっているところは、ご理解の上、お付き合い頂きたい。

　i.school の活動も 10 年を超え、アイディアを創出するだけでなく、アイデ
ィアの事業化をスタートする部分をカバーすることにも着手している。2016
年に一般社団法人日本社会イノベーションセンター（Japan Innovation
Center、JSIC、ジェーシック）を設立し、行政、企業と i.school の学生が協
働して、社会課題を解決する事業の実現を目指している。i.school は 2017 年
に東京大学から独立し、現在 JSIC が運営している。

　JSIC School は JSIC が運営するファシリテーター養成プログラムである。
i.school 流のワークショップを企業や他大学等の組織で実施できるよう、ワ
ークショップの設計、準備やファシリテーションができる人材を養成してい
る。本書はその JSIC School のプログラムをベースにしており、i.school 流
のアイディア創出ワークショップの教科書となっている。

　i.school のワークショップには、①新しくて有効なアイディアを創出する、
②適切なスキルセット、マインドセット、モチベーションを持った人を育て
る、③既存の枠組みを超えて信頼関係を構築し、適切な組織の文化を醸成す
る、という 3 つの機能がある。特に、新しいことにチャレンジするマインド
セットを育む点が全ての基盤になっている。

　『イノベーションのジレンマ』以降の連続的著作でカリスマ的存在となった
故クレイトン・クリステンセン教授の資源・プロセス・価値基準（RPV）の
理論は有名だ。組織の能力を高める 3 要素の全てに i.school のワークショッ
プは効果がある。アイディア創出能力の高い人材は企業の貴重な資源であり、
ワークショップは新規性、有効性の高いビジネスアイディアを創出する仕事
の進め方、プロセスそのものである。新しいことにチャレンジするマインド
セットは新規事業を生み出す企業の意思決定を可能とする価値基準のベース
となる。

　日本が世界から称賛される製品、サービス、社会システムを次々に生み出
していく国に生まれ変わるために、本書が少しでも役立てば幸いである。

目次

① i.school 流チームによる アイディア創出法

　まずは i.school と、我々が実施しているアイディア創出法について概説する。2008 年に生じたリーマンショックによって日本は暗く深刻な閉塞感に包まれていた。日本が世界の中で胸を張って生きてゆく方向性は、世界の人々が称賛する優れた製品やサービスを次々に生み出す国を目指すことであると筆者は考え、当時筆者がセンター長を務めていた「東京大学知の構造化センター」の教育プログラムとして i.school をスタートした。新しいアイディアを生み出すことができる人材を育成する方法論を構築することが究極の目標であった。

(1.1) i.school の出発点

i.school は2009年に東京大学でスタートしたイノベーション教育プログラムである。新しい製品、サービス、ビジネスモデル、社会システム等のアイディアを生み出す力を育てるために、ワークショップ型の教育を大学生、大学院生に提供している。人間の創造性に関する学術的な知見に基づき、ワークショップのプロセスを設計する方法論を構築することを目指している。1年間に9回程度のワークショップを開催する。3日間で集中的に行うものもあるし、週に1回3時間を10週にわたって行うものもある。i.school が提供するワークショップと外部の組織によるワークショップがあり、様々なアイディア創出法を1年間かけて学ぶ。単位も学位も出さないが、自己の能力を高めることを目指して優秀な学生が集まっている。現在は、日本社会イノベーションセンター（JSIC）の下で活動を続けている。

米『ビジネスウィーク』誌の2005年8月1日号で、「明日のビジネススクールは、デザインスクールかもしれない」と題する特別リポートが掲載され、米スタンフォード大学、米イリノイ工科大学などの取り組みが紹介された。デザイン教育をベースとして新しい製品等のアイディアを生み出す教育が勢いを増していた。

筆者はデザイン思考というアプローチを世界的潮流にしたデザインコンサルタント会社 IDEO、IDEO が生み出したスタンフォード大学の d.school、イリノイ工科大学（IIT）のデザイン大学院（ID）、デザイン思考をビジネススクールに取り入れたトロント大学ロットマン・デザインワークス、英国王立芸術院（Royal College of Art、RCA）とインペリアル・カレッジ・ロンドンの IDE（Innovation Design Engineering）、フィンランドアアルト大学を視察に訪れた。目的は、彼らのプログラムをコピーすることではなく、良いところを学ぶとともに、i.school を他とは違う、ユニークなプログラムにするためであった。

i.school と他のデザインスクールとの共通性は、人間中心アプローチを基礎としていることである。i.school の独自性としては、デザイナーのスキルをベースにするのではなく、人間の創造性に関する「学術的知見」等に基づいてワークショップを設計、ファシリテーションすることによって、生み出されるアイディアの質を高め、革新的アイディアを創出できる人材の育成方法の確立を目指している点である。

人間の創造性に関する学術的知見とは、1950年代より認知心理学、人工知能

研究、脳科学等の分野で精力的に行われた研究の成果のことであり、人間が創造性を発揮する仕組みを明らかにしている。なぜ学術的知見を重視するのか。それは学術的知見に立脚することにより、ワークショップを通じて創造的なアイディアが生まれる確率を高めることができるからだ。多くのワークショップは経験的な知見に基づいて実施されているが、それでは経験を積んだ人にしかワークショップを実施できないし、ワークショップの設計方法を学ぶことが難しい。

　以下の節では、そのような従来のワークショップとは異なる、基本的な概念や考え方を説明する。

(1.2) 人間中心アプローチは「目的」に着目する

　人間中心アプローチとは、社会や人々に着目し、誰もが知っているニーズ（求めているモノやコト）、簡単な調査で分かるニーズではなく、顕在化していないが本質的なニーズを見つけ出すことによってイノベーションを生み出すという方法である。人間中心アプローチは今では当たり前だが、2009年当時は技術中心アプローチが当たり前だった。辞書でイノベーションという語を引けば、「（新機軸・刷新・革新の意）生産技術の革新に限らず、新商品の導入、新市場または新資源の開拓、新しい経営組織の実施などを含めた概念で、シュンペーターが景気の長期波動の起動力をなすものとして用いた。わが国では技術革新という狭い意味に用いる」（『広辞苑』第七版）とあり、最後の一文が全てを語っている。

　イノベーションの定義は山程あるのだそうだが、要するにイノベーションとは「新しくて有効なものやこと」だ。どのような新しさ、どのような有効性を要件とするかは定義する人による。例えば、「人々の意識を変え、社会の変革を起こす」ほどの影響を及ぼす有効性を要件とする人もいるだろう。イノベーションとして認める新規性、有効性の程度はイノベーションを語る文脈に依存するので、一意に定めることに意味はない。

　イノベーションとは、ある目的を果たす新しくて有効な手段であると理解される。手段とは目的を果たす方法である。モノやコトは手段である。技術中心アプローチ、すなわち技術によって新しくて有効な手段を生み出すアプローチは、手段の機能に着目している。それに対して人間中心アプローチは、手段が果たす目的に着目するアプローチである。「本質的なニーズを把握する」という表現が人間中心アプローチに相応しいかもしれない。「困りごとは何ですか？」と質問すれば、人は意識に上っている困りごとを語るであろう。既存のマーケティング調

査の手法は多かれ少なかれ、既に意識に上っているニーズを把握するものであろう。意識に上っていない、本人も気づいていないニーズ、困りごとを把握するのが人間中心アプローチである。

有名な1999年の「ABC Nightline IDEO Shopping Cart」は IDEO のイノベーションを生み出す手法を紹介した約8分間の特集で、YouTube で視聴することができる。新しいショッピングカートを生み出す5日間のプロジェクトで、チームに分かれショッピングカートを使う、製造する、修理する現場を訪れ、インタビューを行うとともに現場を観察して、本質的ニーズを把握する。人間中心アプローチの典型例だ。

誰もこれまでに気づいていない本質的なニーズを見つけ出すことができれば、その目的を果たす手段は新規性を有しているはずだ。目的が重要であることは論をまたないが、人間中心アプローチだけで良いと言っているわけではない。手段が有効であるためには活用される技術が重要である。また、新しくて有効な技術が魅力的な手段を生み出し、それが人々がこれまで気づいていないニーズに気づかせる、あるいは新たなニーズを創り出すという側面があることも忘れてはならない。

⑴.3 持続的イノベーションと破壊的イノベーション

イノベーションにも2種類がある。イノベーションの世界ではカリスマ的存在であるハーバード・ビジネス・スクール（HBS）のクレイトン・クリステンセン教授は2020年1月23日に惜しまれつつ亡くなった。「大企業は顧客の声を聞き、正しく経営を行うからこそつぶれていく」という最初の著書『イノベーションのジレンマ』（Harvard Business School Press、2001年）の主張は、日本企業が苦戦する理由を明快に説いていた。その後に続く数々の著作により、彼は21世紀初頭の Best Thinker の一人とされている。

『イノベーションのジレンマ』で示された持続的イノベーションと破壊的イノベーションの区別は重要である。持続的イノベーションは高度成長の時代のものであり、今求められているのは破壊的イノベーションだからである。例えば、テレビは時間とともに性能や品質が向上し、白黒テレビがカラーテレビとなり、トリニトロンテレビ、大型液晶テレビへと発展した。主に技術革新によって製品の性能、品質が向上する持続的イノベーションは、既存の市場、既存の顧客を対象とする。既存の顧客に聞けば、新たなニーズを把握することができる。高度成長

図 1-1
時間経過とともに向上する性能や品質（『イノベーションのジレンマ』に基づき著者が作成）

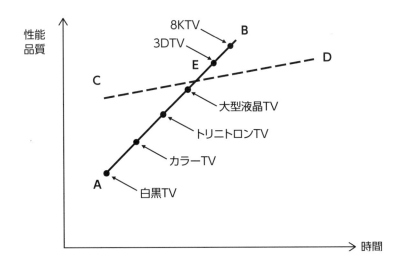

の時代に日本企業が最も得意としたイノベーションである（**図 1-1**の直線 AB）。

　時間とともに消費者が求める性能、品質も高まってゆくが、その速度は技術革新による製品のそれよりも遅い（**図 1-1**の破線 CD）。結果として過剰満足が発生する。3D テレビはロンドンオリンピックに合わせて 2010 年頃に売り出されたが、今は姿を消した。過剰満足、すなわち消費者が求める以上の性能、品質が盛り込まれていたのではなかろうか。

　過剰満足は破壊的イノベーションが起こる条件である。破壊的イノベーションとは、利便性など新たな価値を提供することにより新たな顧客層を取り込んだり（新市場型）、安価であるために既存顧客の一部を取り込んだり（ローエンド型）するイノベーションである。ローエンド型破壊的イノベーションの市場、顧客も、既存市場、既存顧客とは異なる新規市場、新規顧客と捉えれば、破壊的イノベーションは新規市場、新規顧客を対象としていると理解できる。

　持続的イノベーションでは新規興企業（ベンチャー企業、スタートアップ）は大企業に敵わない。しかし、破壊的イノベーションでは、大企業は新興企業に打ち負かされる。これがイノベーションのジレンマである。いろいろな理由があるが、最も決定的な理由は大企業が既存顧客のニーズに対応するのに長けており、まだ市場規模の小さい段階で新顧客のニーズを捉えることができないのに対して、

既存市場に囚われない新興企業が新規市場における新規顧客のニーズを捉えられる点にある。

　i.school で目指すのは破壊的イノベーションを生み出すことのできる人材を育成することである。そのために人間中心アプローチは重要である。破壊的イノベーションのためには、既存市場の既存顧客ではなく新規市場における新規顧客のニーズを捉えなければならないからだ。誰が新規顧客になるのかが自明ではないため、マーケティング等の既存のアプローチでは歯が立たない。しかし、人間中心アプローチだけで良いわけではない。新規市場における新規顧客のニーズに応えるためには技術が必要である。新たなニーズに応えるために新たな技術革新が必要な場合もあるであろうし、既に存在する技術をその技術を開発したときとは異なる使い方をすることもあろう。そのために必要な手法を取り入れること、開発することも i.school の課題である。

(1.4) イノベーション・ワークショップとアイディア創出ワークショップ

　アイディアがすぐにイノベーションにつながるわけではない。イノベーションが起こるプロセスを、①革新的な製品やサービスのアイディアを発想する、②アイディアが実際にイノベーションにつながるという仮説を検証する、③仮説検証された製品、サービスのアイディアを事業化する、④事業の規模を拡大し、本格事業にする、という４段階に分けて考えることにする。①と②の部分を 0 → 1、③を 1 → 10、④を 10 → 100 ないし 1000 のように表すことが多い。

　②〜④の段階においては、関わる人や組織の数が増えていき、多くの人の協働が不可欠であるのは当然であるが、アイディア創出の①もグループで行うことがいくつかの理由で望ましい。1.6 で詳しく述べる通り、一人の天才が優れたアイディアを創出するのは非常に稀だ。実際、企業の開発現場や教育プログラムでは複数の参加者によるワークショップという形態でアイディア創出が行われている。

　ワークショップというのは多義的な言葉で、文脈によって様々な活動を指すが、ここでは、所与の目的を達成するために複数の参加者が協働する活動を指す。ワークショップの設計などの準備をする者をワークショップ・デザイナー、ワークショップで参加者に指示を出すなど、運営する者をファシリテーターと呼ぶ。ファシリテーターがワークショップ・デザイナーを兼ねることが多いため、ワークショップ・デザイナーもファシリテーターと呼ばれることが多い。

　①〜④の全ての段階を含めて、実施されるワークショップを本書ではイノベー

ション・ワークショップと呼ぶが、特に①の段階で行われるワークショップが本書のテーマであり、「アイディア創出ワークショップ」と呼んでいる。

(1.5) 創造性に関する学術的知見

　人間の創造性に関する研究は1950年代より本格化した。その理由はいくつかある。1つ目の理由は、客観的観察の対象にならない意識は科学的心理学の枠内から追放されるべきだと主張した行動主義の呪縛が解かれたことにある。

　2つ目の理由は、スプートニク・ショックである。1957年、旧ソ連は世界初の人工衛星「スプートニク1号」の打ち上げに成功した。ソ連の脅威と自国のプライドの喪失から全米はパニックに陥った。劣勢を覆すために、宇宙開発競争が開始され、多額の予算が軍事・科学・教育に投入された。この流れの中で、各国で創造性研究に対する関心が高まった。創造性の高い人を見つけ出すこと、創造性を伸ばす教育を施すことが課題となった。創造性の資質に富んだ人を見つけ出すためのテストの開発が試みられた。1950〜60年代の創造性研究の中心課題は創造性と知能や性格、家庭環境などの個人特性との関係性を明らかにすることと、創造性を計測するためのテストを開発することにあった。しかし、創造性と個人特性との間には明確な関係性を見いだすことができなかった。そのため、1960〜70年代に認知心理学が創造性研究の主流となってきた。認知心理学では、個人の資質や特性ではなく、全ての人間に共通する心理プロセスに注目した。

　そして、3つ目の理由は、行動主義から認知科学へのパラダイム・シフトである「認知革命」にある。認知科学の創成には人工知能、情報科学という新しい研究分野の誕生が不可欠であった。人工知能は、人間の心的プロセスを探求する新しい方法を提供した。コンピューター・シミュレーションで人間の心的プロセスを理解するというアプローチは、大きな流れをつくった。脳科学においても創造性は大きなテーマの一つとなり、また社会学においても創造性が研究テーマに取り上げられ、創造性を生み出す社会的特性等に関する研究が行われている。2000年代に入り、こうした様々な分野における創造性に関する研究成果が何冊かの書籍にまとめられている。一例として、*Explaining creativity: The science of human innovation*, R. Keith Sawyer（1st edit. 2006, 2nd edit. 2012）を挙げておこう。

　このような創造性に関する学術的知見に基づいてアイディア創出ワークショップを設計、ファシリテーションすることを i.school は目指している。アイディア創出ワークショップの設計、ファシリテーションの基となった学術的知見は第2章で説明する。

(1.6) 個人ワーク vs. グループワーク

スタンフォード大学の d.school も、RCA の IDE も、全てのイノベーション・スクールはグループワークを中心的な活動形態としている。i.school も同じである。なぜなのだろうか。グループで作業するより個人で作業した方が効率的でアウトプットの質が高いと信じている人も多い。多くのイノベーションも、天才的なイノベーターのひらめきによって生み出されたと思われている。

キース・ソーヤー（R. Keith Sawyer）は著書『凡才の集団は孤高の天才に勝る』（ダイヤモンド社、2009 年）の中で、サミュエル・モールスの発明とされる電信、トーマス・エジソンの発明とされる電球、ライト兄弟が初めて開発したとされる飛行機など、名高い発明や発見に関する逸話の大半は誤りで、どれも孤高の天才という神話に囚われており、実際には常にグループだからこそ生まれる天才的発想「グループ・ジーニアス」という真実の物語が存在すると述べている。

しかし、グループワークが機能せず、生産性が個人ワークより低下することが多いことも事実である。そんな経験を積み重ねてきた人は、間違いなく個人ワークを選ぶであろう。個人ワークの足し算の方が、グループワークより生産性が高いという研究結果は数多く報告されている。ポイントは、グループワークの機能をいかに高めて、グループだからこそ生まれる、個人をしのぐ天才的発想「グループ・ジーニアス」を実現できるのかということだ。

キース・ソーヤーは前述の著書の中で、「グループ・フロー」の重要性を指摘している。このフローとはキース・ソーヤーの恩師のミハイ・チクセントミハイが打ち立てた概念（『フロー体験 喜びの現象学』、世界思想社、1996 年）である。極めて優れた創造力を持つ人々が最も高い創造性を発揮するのは、「ある瞬間から次の瞬間への統一的な流れ」を体験した場合で、このとき、「自分の行動をすべて支配しているという感覚があり、そのなかでは、自己と環境の差も、刺激と反応の差も、過去、現在、未来の差もほとんどない」。そのような状態をフロー状態と呼ぶ。創造的な人々は、その職業や活動分野を問わず、フロー状態にあるときに最も意義深い洞察を得ている。

グループ・フローとはグループメンバー全員がフロー状態になることを指し、これによってグループだからこそ生まれる天才的発想「グループ・ジーニアス」を実現できる。キース・ソーヤーは創造性を発揮するチームの特徴として、①時間をかけてイノベーションを生み出す、②他者が提示する新たなアイディアにじっと耳を傾けながら、同時に自分自身のアイディアを創り出す「ディープ・リス

ニング」を実践する、③コラボレーションから生まれるアイディアを積み上げる、④個々のアイディアの重要性は、閃いた時点では分からない、⑤問題を発見する、⑥効率を追わない、⑦現場を重視する、を挙げている。

　i.school で 10〜12 月に毎年行う最も長いワークショップでは、各チームの状態は①〜⑦の全てを満たしている。グループ・フローの状態を実現し、グループだからこそ生まれる天才的発想「グループ・ジーニアス」を生み出すことが i.school の目標の一つとも言える。グループ・フローの状態を実現することは容易ではなく、様々な条件が満足されて可能になるものである。どのようにすればグループ・フローに近づけるかを明らかにすることが本書の目標でもある。この点については、第 7 章でも触れたい。

(1.7) 電子付箋 WEB ツール、APISNOTE

　どのようなツールを使ってワークショップを行うかというのも重要なポイントである。ホワイトボードを活用するのか、紙の付箋紙と模造紙を使うのか。使う道具によって活動の効率性、生産性は大きく異なる。i.school ではアイディア創出ワークショップで使うためのツールとして、電子付箋 WEB ツール、APISNOTE（エイピスノート、https://apisnote.com/）を開発してきた。2009年に i.school をスタートしたときから、毎年 APISNOTE を利用し、改良を加えてきた。ちなみに、APIS とはラテン語でミツバチを意味し、情報を集めてくる集合知をイメージしている。**図 1-2** は APISNOTE のワークシートの画面である。
　アイディア創出ワークショップは情報処理のプロセスである。アイディア創出のためのチームによる情報処理に相応しいツールとして以下の要件を満たすことを目指した。

・各メンバーからの情報（データ、コメント、アイディア等）を簡単にノート（電子付箋）に入力し、チームメンバーが共有できること。さらに情報の種類に応じてノートの色を選び、ノートの空間配置を自由に変更できること。
・ノートとノートの間の関係性をリンク（ノートをつなぐ線）で表示できること。
・複数のワークシート（ノートを配置する作業領域）の間でノートをコピーできること。さらにリンクの張られたノートも簡単にコピーでき、膨大な情報から関係性のある情報だけを選んで可視化、操作できること。
・ヒストリー機能により、ワークシートの最終状態だけでなく、作業開始から終

了まで、全ての作業をビデオ再生のように見ることができること。この機能は特に作業の振り返りに不可欠である。ワークショップ後半の試行錯誤を最適化するには、作業の振り返りが重要であるし、ワークショップでの学びを最大化するためにも、ワークショップ終了後の振り返りは欠かせない。人の記憶能力はかなり限られており、最終状態を見ただけでは、どのような議論、検討を経て最終状態に至ったかを思い出すことができない。ヒストリー機能でプロセスを振り返ることにより、交わされたコミュニケーションや、そのときの思考を思い出すことができる。また、ワークショップに参加しなかった上司やメンバーにとっても作業内容を短時間で理解する手段となる。

ここでは APISNOTE の機能を活かした例を示そう。**図 1-3** は APISNOTE の記録を CSV ファイルにエクスポートする機能を使い、どのワークシートにどのような活動記録があるかを示したものである。

約3ヶ月間のワークショップで、このチームは13のワークシートを使っている。各ワークシートで行っているタスクを分類すれば、この結果から**図 1-4** に示す進行プロセスを描くことができる。図1-4よりこのチームは4回アイディア発想を行っていることが分かる。ワークショップの途中、終了後に振り返りを行う上でこのようなグループワークの可視化は有効である。ファシリテーターが適切なフィードバックを行うためにも、グループワークの状況を把握することは極めて大切である。詳しくは第6章で説明する。

(1.8) オンライン・ワークショップ

2020年度はコロナ禍により i.school の全ての活動をオンラインで行っている。オンライン・ワークショップでは、APISNOTE と Zoom、Slack を活用している。APISNOTE の画面は同期されており、リモートの参加者がノートを作成、移動するのを全員で見ながら、Zoom を用いて参加者の表情を確認しながら会話する。Zoom のブレイクアウトルームの機能が、グループワークを多用するワークショップでは欠かせない。ワークショップの最中及びワーショップとワークショップの間におけるチームメンバー間の情報交換や、ファシリテーターと参加者との連絡に Slack は有効である。

オンライン・ワークショップを対面（オフライン）ワークショップと同じように行うことができるのかを明らかにすることを試みた。第1回ワークショップは、

毎年2泊3日の合宿形式で行っているが、2020年は全4日、各日3時間、6時間、6時間、3時間の計18時間で行った。

（1）オンライン・ワークショップの知的生産性

　APISNOTE では、ノート（付箋）の作成や移動など、全てのアクションが自動記録される。近い条件で実施された対面ワークショップとオンライン・ワークショップの10分あたりの平均ノート作成数とノート移動回数を比較した。テーマは2019年と2020年とで異なるため、簡単に比較できるものではないが、インタビュー結果の分析、目的分析、手段分析、アイディア発想、アイディア評価というプロセスは共通している。

　総作業時間の4チームの平均値は、2019年が700分、2020年が370分、オンライン・ワークショップは対面ワークショップの53%だった。**図 1-5** に示す通り10分あたりの平均ノート作成数は、2019年が8.0、2020年が9.5で、オンライン・ワークショップは対面ワークショップの1.19倍となっている。10分あたりの平均ノート移動回数は、2019年が27.4、2020年が40.1で、オンライン・ワークショップは対面ワークショップの1.46倍となっている。

　知的生産性は数だけでなく質も重要なので、ノート作成・移動回数だけで論じることはできないが、ノート作成・移動回数からは、オンライン・ワークショップの知的生産性は対面ワークショップに劣ることはなく、むしろ上回っていると言える。

（2）ファシリテーターによる介入の有効性

　ファシリテーターによる介入は、ワークショップの成否、教育効果を大きく左右する。最も重要なファシリテーターによる介入、フィードバックのタイミングは、ワークショップ後半に入る部分である。前半の結果を評価し、前半のプロセスの問題点を特定し、再試行の方針を決めるタイミングで外部からのフィードバックを与えることは極めて重要である。

　ファシリテーターが適切なフィードバックを与えるためには、グループワークの状態や結果を正確に把握することが必要である。**図 1-6** のように、ファシリテーターの前にチーム数分の PC を用意することで、Zoom のブレイクアウトルーム（グループワークを行う場）のメンバーの表情をディスプレイで見ることができる。作業の内容は APISNOTE によって把握できる。このように行ったモニタリングとフィードバックの質は、普段行っている対面ワークショップと全く変わらない。

図 1-2

APISNOTE のワークシートの画面

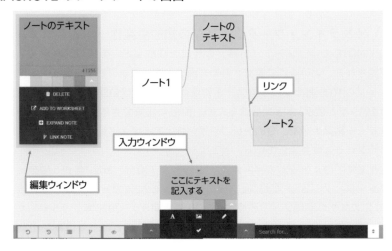

図 1-3

APISNOTE のワークシート別活動記録のヒートマップ

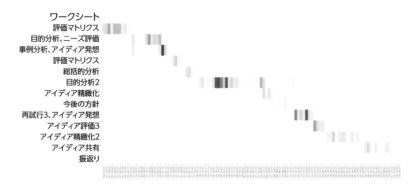

（3）オンライン・ワークショップでの信頼関係の構築

　イノベーション・ワークショップには、チームメンバーの関係性・信頼関係を構築し、良いチームをつくるという重要な機能がある。果たして、オンラインでそのようなことができるのだろうか？

　図 1-7 は、Zoom 動画の笑顔解析の結果である。ワークショップの終了後、あるチームが振り返りを行っている動画を解析した。横軸は経過時間、縦軸は笑顔度で、自動認識された顔の笑顔度が一つの点としてプロットしてある。満面の笑

図 1-4
ワークショップの進行プロセス

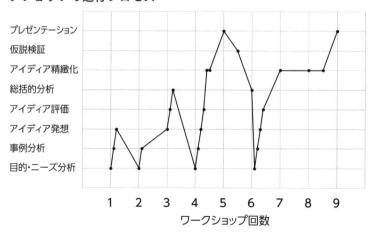

図 1-5
オフライン（対面）ワークショップとオンライン・ワークショップの比較

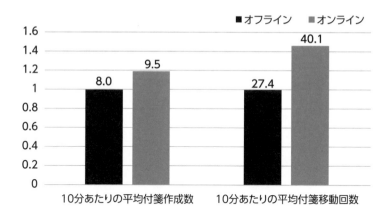

みが100%、しかめ面が0%となり、50%以上が笑顔と判断される。皆よく笑っていて、この図を見れば、この振り返りの雰囲気が伝わってくる。全員オンラインで初めて出会ったメンバーだが、オンラインでもこのような状態を実現することができる。

（4）在宅勤務定着による企業の生産性向上に対する示唆

在宅勤務、リモートワークによってジョブ型雇用に相応しい社員が自律的に仕

図 1-6

ファシリテーターが利用する PC のディスプレイ（著者撮影）

図 1-7

ワークショップ終了後の笑顔度

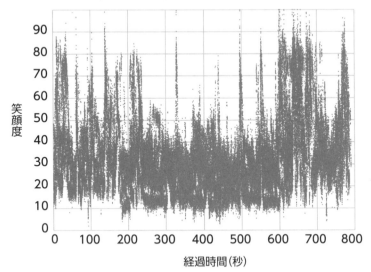

事を進め、高い生産性を発揮しうることはコロナ禍のおかげで確認された。しか
し、組織としてそのメリットを活かすことができるのか、多様な社員をマネージ
することができるミドルマネージャーは存在するのか、育成、支援することはで

きるのかを心配する経営層は多いのではないか。

　i.school で実践している教育プログラムはジョブ型社員が新しい価値を創造する業務プロセスと親和性が高く、また、多様な社員が同じゴールを目指して協働する活動と類似性が高い。オンラインのミーティングも対面のミーティングと同じように進められることを確認できた意義は大きい。ファシリテーターの役割はミドルマネージャーのそれと等しく、ファシリテーターを養成するプログラムはミドルマネージャー育成にも応用できる。

創造性に関する学術的知見

　第2章では基となった学術的知見の一部を紹介する。創造性に関する学術的知見を網羅したり、最先端の知見を紹介したりするものではないが、創造性に関する知見が積み重ねられてきた流れの中から、アイディア創出ワークショップにおいて踏まえるべき知見を紹介する。

　まず、「ひらめき」が神秘的なものではなく、科学の対象となる現象であり、創造的なアイディアの創出には共通するプロセスが存在することを述べる。「ひらめき」の前には孵化と呼ばれる段階があり、そこでは準備の段階で活性化された意識に上らない概念が、何らかのきっかけから意識に上って「ひらめき」が生じる。「ひらめき」が起こる仕組みに関する仮説とその仮説を裏付ける実験結果を紹介する。

　認知心理学では、組み合わせ、メタファー（比喩）、アナロジーによる創造性が研究されてきた。日常生活ではアナロジーを頻繁に活用しているにもかかわらず、実験ではアナロジーをうまく活用することが難しいという、アナロジーのパラドクスを解くために1980年頃から約20年にわたって研究が積み重ねられた。その結果、アナロジーを活用する目的によってうまくアナロジーを使えるかどうかが決まることや、記憶や想起の方法が違いを生み出すといったことが明らかとなった。これらの知見は、アイディア創出ワークショップの設計やファシリテーションに活かすことができる。

(2.1) 科学の対象としてのひらめき

　特別な人だけが優れたアイディアを思いつくことができると、なぜ多くの人々が信じているのだろうか。偉大な科学的発見、難問の解決、芸術的傑作の創造、そしてイノベーションにつながるアイディアの発想、これらは類似性の高い知的活動における現象である。これらを成し遂げることができる人は限られており、その偉業の希少性や生み出す価値の大きさを反映して、彼らは天才と称され、彼らが語ったアイディア発想の瞬間のエピソードは強烈な印象を人々に与え、天才や天啓のイメージが創り上げられた。

　最も有名なのは、アルキメデスの「アハ体験」だ。黄金で作らせた王冠に銀の混ぜ物をしていないかを王冠を壊さずに確認することを王より依頼されたアルキメデスは、入浴中に浴槽に入ると水面が高くなるのを見て、王冠の体積を測ることで密度を求められることに気づき、「ユーリカ！（分かったぞ）」と叫びながら、裸で通りに飛び出したという。この逸話は、偉大なアイディアの発想にはアハ体験を伴うという強烈なイメージを植え付けた。

　3世紀以上にもわたる謎、フェルマーの最終定理の証明は数多くの偉大な数学者たちを悩ませ続けた。プリンストン大学の数学者アンドリュー・ワイルズは30年以上もこの問題を熟考し、解決の瀬戸際にたどり着いた。ある朝、晴天の霹靂のように「信じられない啓示」に打たれた。「言語に絶するほど美しく、あまりに単純でエレガントだった。なぜ気づかなかったのか理解できず、20分も信じられずに見つめているだけだった。そして、一日中、学内を歩き回ってから、まだそこにそれがあるかを確かめるために自分の机に戻った。まだそこにあった。私はこらえきれず、とても興奮した。人生の中で最も重要な瞬間だった」と語っている。

　旅先で乗合馬車に乗ろうとしてステップに足をかけた瞬間に、ひらめきがやってきた数学者ポアンカレ、激しい台風に襲われた一夜、別荘の寝床で中間子理論につながるひらめきを得た湯川秀樹など、ひらめき体験の逸話には事欠かない。こうしたひらめきを伴わない偉大なアイディアも実は数多くあるのだが、それらは見過ごされてしまう。人は見たいものを見ようとするのであり、創り上げられたイメージに合わない事実には関心は払われない。

　ひらめきの鮮烈な逸話には共通点があり、それが天才、天啓に対するイメージを強化している。その共通点とは、その分野の第一人者が熟考を重ねても解決できず、熟考から離れた状態において、無意識のうちに解決策が思いつくが、どの

ように解決策を思いついたかを語ることはできないということだ。人は説明できないことに対して神秘性を感じ、特別なこととして畏敬の念を持つ。天才、天啓という言葉に天という文字が使われているのは、それらが超自然的な現象であるという人々の認識の表れである。

　ひらめきを研究することがいかがわしいことと見なされる傾向があったのは、そのような認識が背景となっているためであろう。しかし、60年を超える創造性研究の成果を踏まえれば、ひらめきが科学の対象であることは明らかであり、神秘性やいかがわしさを排除することができるのである。

(2.2) 創造のプロセス

　創造性に関する研究は1950年代から本格化した。当初から中心的な役割を果たしてきたのは認知心理学と人工知能研究である。60年にわたる研究を踏まえた認知心理学研究者のコンセンサスの一つは、創造的なアイディアの創出には共通のプロセスが存在するということである。

　多くの研究者により様々な創造のプロセスモデルが提示されたが、表現の違いはあっても提案されているモデルはほぼ同じものである。過去に提案されているモデルの中で最も古く、最も有名なウォーラス（Wallas）の4段階モデルが本質を捉えている。

　社会学者、社会心理学者のグレアム・ウォーラス は The Art of Thought[1] の中で準備（preparation）、孵化（incubation）、暗示（intimation）、ひらめき（illumination）、検証（verification）からなる創造のプロセスモデルを提案した。暗示（intimation）はしばしば省略され、4段階モデルとして紹介されてきた。ひらめき（illumination）は洞察（insight）と呼ばれることが多い（洞察という言葉は、鋭い観察力で物事を見通すこと、という意味で一般的には用いられるが、心理学では新しい事態に直面したとき、過去の経験によるのではなく、課題と関連させて全体の状況を把握し直すことにより突然課題を解決すること、という意味で用いられる）。

　準備（preparation）では対象とする問題や課題に関する情報を収集、整理、分析し、状況に対する理解を深めるとともに、解決すべき問題や達成すべき目標を設定する。通常の方法に基づき解決策や実施策の立案を試みる作業も含まれる。この段階における思考は主に意識下で行われ、論理的思考、演繹的推論が支配的である。どうしても満足のいく解決策や実施策が見つからず、行き詰まった状況

（impasse）でこの段階を終え、次の段階に移ることが多い。

　孵化（incubation）では問題や課題を意識的に思考することから離れ、休息したり別の作業を行ったりしている。準備の最後で行き詰まってどうしようもなくなり、問題や課題から意識的に離れる場合も多い。この段階では、当該の問題や課題は意識に上がらないため、何が起こっているのか本人には特定することができない。

　ひらめき（illumination）または洞察（insight）では、解決策や実施策が突然意識に上がってくる。どのように意識に上がってきたのか、本人にも分からないため、天啓と呼ばれることもあり、神秘性を伴って語られてきた。探し求めても見つからなかった解決策や実施案が突然手に入るため、強い喜びの情動を伴うことが多く、アルキメデスの「アハ体験」として語られてきた。

　検証（verification）では、ひらめいた解決策や実施策が実際に問題を解決できるのか、目標を達成できるのかを確認する作業が行われる。準備の段階と同様に、この段階における思考は主に意識下で行われ、論理的思考、演繹的推論が支配的である。

　この4段階モデルは、複雑で多様な創造のプロセスを大まかに表現したものであり、このモデルの通りに直線的に創造が生じるわけではない。行ったり来たりの繰り返しを伴うことが一般的であり、決定的なひらめきに至るまでに、アンドリュー・ワイルズによるフェルマーの最終定理の証明のように、30年という長い年月がかかることも多い。

　直観は、ひらめきや洞察と類似性が高い。準備や孵化を経ず、問題や課題が提示された直後にひらめくのが直観である。

（2.3）孵化：無意識下の心的プロセス

　孵化（incubation）の段階で何が起こっているのかは、意識に上らないため本人に問いただしても答えることはできない。これが創造性の神秘性の起源であり、無意識下の心的プロセスを解明することが創造性研究の中心課題の一つである。

　ソーヤー（Sawyer）は *Explaining Creativity*"[2] の中で、これまでの数多くの孵化に関する研究を踏まえて、9つの仮説（著書では定理と呼ばれているが仮説と呼ぶ方が相応しい）が提示されている。うち3つには実験的研究の裏付けがあるとされている。

　孵化の状態は異なる問題や課題によって引き起こされるものであり、必ずしも

一つの状態に特定できるわけではない。ここでは、イノベーション教育に最も関係が深いと思われる仮説を説明する。

　その仮説とは、活性化拡散（spreading activation）である。この仮説では意味的ネットワークを通じて、記憶されている関連する概念が徐々に活性化されてゆくと考える。まず意味的ネットワークについて説明しよう。

　思いつくことと思い出すことにはかなりの類似性がありそうだ。　思い出せそうなのに思い出せない、そのような経験は誰にでもあるはずだ。そのようなときの頭の状態は、何かを思いつこうとしている状態と似ている。もう少しで思い出せそうなのに、どうしても思い出せないので、諦めて別のことをしていたら、思い出そうとしていたことがふと頭に浮かんできた、という経験もあるのではないか。これは、「思いつく」方の話で言えば、孵化（incubation）とその後に訪れるひらめき（illumination、insight）に対応している。

図 2-1
意味記憶ネットワーク [4]

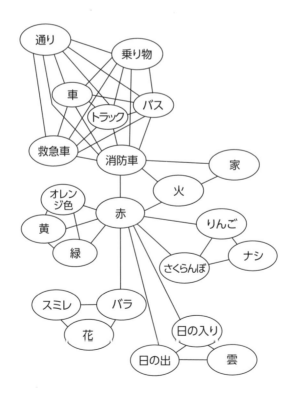

記憶には、自己の経験の記憶であるエピソード記憶、知識の記憶である意味記憶、技能の記憶である手続き記憶など、様々な種類がある。コリンズとロフタス（Collins & Loftus）[3] は、意味記憶が意味的類似性や意味的関連性によってネットワークを構成しているという意味記憶ネットワークモデルを提唱した。**図2-1**のように、2つの概念間に共通する特性が多いほど、両者の関連性が密接になる。ある概念が処理されると、その概念からリンクのつながった概念へ活性化が波及していくと考えられる。これを活性化拡散（spreading activation）と呼ぶ。

　プライミング効果とは、先に呈示された刺激（プライム）の処理が、後続の刺激（ターゲット）の処理を促進するという現象である。被験者に文字列（プライム）を呈示し、それが単語であるかどうかを判断することを求める。次に別の文字列（ターゲット）を呈示し、同じようにそれが単語であるかどうかを判断することを求める。そのときの判断に要した判断時間を計測する。プライムとターゲットが、例えばパンとバターのように関連性があると判断時間は短くなる。プライムによってターゲットにも活性化が拡散したと理解するのである。

　Yaniv and Meyer [5] の実験は、孵化（incubation）とその後に訪れるひらめき（illumination、insight）に関する示唆に富んでいる。

　ステップ1：まず、滅多に使われない単語の定義を示し、15秒以内にその単語を言い当ててもらう。単語が思いつかなかった場合、その単語を知っているという感覚（FOK、the feeling of knowing、既知感）を自己評価してもらう。喉まで出かかっている、という場合はFOKが高く、まったくそんな単語を思いつきそうもない、という場合はFOKが低いと評価される。

　ステップ2：次に、ある文字列を提示して、それが単語かどうかを判断してもらう。その判断に要した時間（反応時間）を計測する。

　図2-2は、ステップ1で言い当てることができなかった単語（Target）に対して、ステップ2において単語と判断するために要した反応時間を縦軸に、FOKを横軸にとったものだ。FOKが高くなるに従って、反応時間が短くなる。思い出せそうで思い出せなかった単語を示されたとき、すぐにそれが単語であると判断できるということだ。Distractorは、無関係な単語に対する反応時間を表しており、FOKが高い場合には、思い出せそうで思い出せなかった単語の方が、無関係な単語より早く単語であると判断できることを示している。

　思い出せそうなのに思い出せないステップ1の状態では、長期記憶の検索が行われているはずだが、その過程は意識には上がってこない。暗黙裡の処理過程の結果が「もう少しで思い出せそう」という情動的な反応を引き起こし、さらに、その単語を示されたとき、すぐにそれが単語であると判断できるという結果に結

図 2-2
既知感と反応時間の関係 [5]

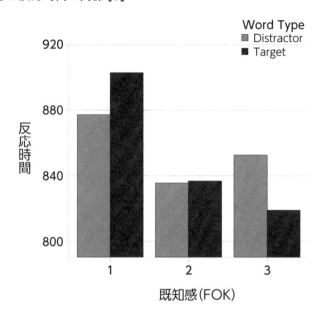

びついている。

　これは無意識の状態といっても、全て同じように空白なのではなく、意識に上らないレベルで状態に差があり、それが外界からの刺激に対する反応の差につながっていることを示している。ある単語を思い出そうとしているとき、その単語の概念が活性化されており、その活性化の度合いが高いほど、その単語を知っているという感覚（FOK、the feeling of knowing）が高くなる。活性化の度合いが高いほど、その単語を呈示されたときに、それが単語であると判断するまでの時間が短くなるのである。

　準備（preparation）の段階で概念の活性化が起こり、それに続く孵化（incubation）ではその概念は意識に上らず、何らかのきっかけから活性化されていた概念が意識に上り、ひらめき（illumination）または 洞察（insight）が生じるというわけだ。では、孵化（incubation）では何が起こっていて、どうやってひらめき（illumination）または 洞察（insight）が生じるのであろうか。

(2.4) ひらめきのメカニズム

　活性化拡散（spreading activation）と拡散モード（diffuse mode）と呼ばれる脳の状態を組み合わせると、ひらめきのメカニズムを以下のように説明することができる。問題解決を例に説明するが、解決策を思いつくことは、アイディアを思いつくこと、記憶を呼び起こすことと置き換えても構わない。

　準備の段階で、解決策を様々考えてみるが、どうしても満足できる解決策が思いつかない。しかし、活性化拡散が起こり、様々な記憶が活性化されている。これ以上考えても仕方がないと思い、問題から離れることにする。すなわち、孵化の段階に入る。問題のことは意識に上らない。脳は拡散モードの状態にあり、とりとめのない思考が無意識的に繰り返される。また、このときに行われる問題とは関係のない活動に伴って、様々な情報が外界から入力され、また、様々な思考がなされ、それらに対応した活性化拡散も起こる。

　準備の段階で、活性化されたけれども意識に上らなかった優れた解決策に関する記憶が、孵化の段階における拡散モード、外界からの刺激、思考によってさらに活性化され、活性化のレベルが閾値を超えることによって意識に上る。これがひらめきである。

　以上は、ひらめきに対する1つの仮説である。全てのひらめきが同じように起こっているわけではないし、別の仮説もありえる。ソーヤーは著書のなかで孵化を説明する9つの仮説を示し、そのうち3つの仮説には実験的裏付けが存在するとしている。上記の説明はその3つの仮説の1つである。

　この仮説で、いろいろな現象がうまく説明される。例えば、ある人の名前を思い出す経験にも当てはまる。名前を思い出そうとしてもどうしても思い出せない。会ったときのことなどを思い返すが、どうしても名前が出てこない。あきらめて別のことをしていたときに、ふとその人の名前を思い出す。こんな経験は誰にでもあるはずだが、この仮説で説明できる。

　文章を書こうと思って、いろいろ調べ物をし、盛り込むべき情報が揃ってきたのだが、文章にまとめようとしても、どうしてもうまくまとまらない。あきらめて別のことをし、リフレッシュした状態で再度挑戦すると、今度はすらすらと文章が湧き上がってくる。今書いた文章によって活性化拡散が起こり、準備の段階で蓄積された記憶や、活性化された記憶の活性化レベルが高まって、意識に上ってきているのであろう。

　この仮説を裏付ける実験結果を紹介しておこう。

(2.5) 連想ゲームと活性化の拡散

K. S. Bowers ら [6] は連想ゲームによる実験で、孵化の段階における無意識の状態であっても変化が連続的に生じていることを明らかにした。課題は Accumulated Clues Task（ACT）と呼ばれている。

被験者は15のヒントを順に提示され、正解を言い当てるよう指示される。例えば、SQUARE という正解に対して、TIMES、INCH、DEAL、CORNER、PEG、HEAD、FOOT、DANCE、PERSON、TOWN、MATH、FOUR、BLOCK、TABLE、BOX というヒントを順に約10秒間提示する。それぞれのヒントに対して、被験者は正解と思われる単語を記録してゆき、正解に気づくまで続ける。次に、被験者とは別の評価者に被験者の回答を評価してもらう。被験者の回答が正解にどれだけ関連しているかを7段階で評価する。例えば、正解の SOLDIER に対して、CHAIR は非常に関連性が低い1と評価され、FRIENDS は2，TENT は5，WAR は非常に関連性が高い7と評価される。結果を図

図 2-3
ヒント数と正解との関連性 [6]

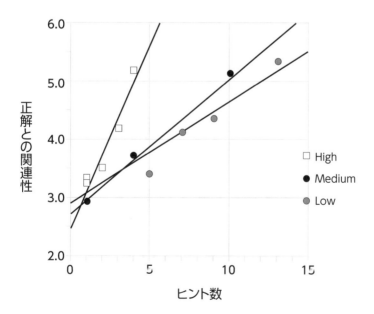

2-3 に示す。

　100人の被験者に対して実験を行ったところ、被験者は平均すれば10回目の
ヒントで正解に気づいているが、少ないヒントで正解に気づくグループと、気づ
くまでに多くのヒントを必要とするグループ、中間的なグループに分かれた。図
はグループごとに平均した結果を示している。どのグループもヒントの回数に対
して直線的に回答の関連性が高まっている。

　ヒントを得て回答を繰り返す間、正解は意識に上ってこないが、状態は連続的
に変化している。決して、同じ無意識の状態が変化しないまま続き、突然、非連
続的に正解が意識に上るわけではない。連想ゲームが得意な人も不得意な人も、
起こっている現象に質的差異があるわけではない。

　ヒントの提示によって、意味記憶ネットワークにおけるヒントとつながった周
辺の概念が活性化され、やがて正解の活性化レベルが閾値を超え、意識に上ると
理解できる。これが孵化の段階における無意識下の心的プロセスを説明する活性
化拡散の仮説である。

(2.6) 拡散モードとセレンディピティ、多様性の恩恵

　孵化の段階において、集中した思考から離れ、リラックスして拡散モード状態
にあると、とりとめもない思考が自然発生的に浮かび上がる。しかし、それらは
意識には上らない。とりとめもない思考は様々な記憶を活性化し、それにつなが
る概念の活性化も引き起こされる。リラックスする前の集中した思考において活
性化されていた記憶と、拡散モード状態においてとりとめもない思考によって活
性化された記憶とが結びつけば、それが意識に上り、「思いついた」「ひらめい
た」というアハ体験につながる、と考えると腑に落ちる。

　セレンディピティも同じように理解することができそうだ。セレンディピティ
とは、思わぬ発見、偶然の幸運のことである。ヘンリー・フォードは肉屋の倉庫
で職人が手分けして牛を解体するのを見て「流れ作業による自動車組み立て」を
思いついたとか、アルフレッド・ノーベルはコールタールが砂にしみこむ様を見
て、珪藻土にニトログリセリンをしみこませる参考にしたとか、逸話には事欠か
ない。「チャンスは心構えをする人を好む」というのはパスツールの言だそうだ
が、集中した思考において活性化されていた記憶がなければ、拡散モード状態の
とりとめもない思考や、たまたま目にする一見して関連性のない情報から「ひら
めき」を得ることはないということであろう。孵化の前の準備が重要ということ

だ。

　アイディア創出ワークショップでは、必ずと言ってよいほどグループワークとグループメンバーの多様性が重視される。人間の脳が持っている仕組みをさらにパワーアップしようと思えば、それは必然である。グループワークをどのように運営すれば、グループメンバーの多様性を最も有効に活かすことができるのか、それは一人の脳の中で起こっていることから考えればよいであろう。もう一方で、人間には意識が一つしかないことにも注目したい。ああでもない、こうでもないと思い悩むことはしばしばだが、それぞれの瞬間では意識は一つに限られている。複数の意識が同時に競合することがないように人間はできているわけだが、そのことはグループワークの運営において重要な意味を持っている。

（2.7）組み合わせ型創造性

　新しいアイディアは既存のアイディアや情報の組み合わせから生まれるというのは古くからある考え方だ。ジェームス .W. ヤングの『アイデアのつくり方』[7]は、薄い小さな書籍であるが、1965年に初版が刊行されて以来、読み継がれてきた。「人はどのようにしてアイデアを手に入れることができるのか」という問いに、「アイデアとは既存の要素の新しい組み合わせ以外の何ものでもない」「新しい組み合わせを作り出す才能は事物の関連性を見つけ出す才能に依存する」という2つの原則を提示している。

　組み合わせ型創造性のなかで、最も単純なものは概念の組み合わせだ。概念の組み合わせは、人間の持っている基本的な認知能力である。その例としては、「バナナボート」が分かりやすい。バナナとボートを組み合わせた概念で、ビーチ・リゾートでバナナの形をしたボートにまたがった経験をお持ちではなかろうか。バナナは大抵の子供の好物であり、楽しい記憶を呼び起こしてくれる。だから、バナナの形をしたボートを見ただけでウキウキした気持ちになる。単に概念を組み合わせるだけでなく、どのような概念を組み合わせれば、新しくて有効な概念を創れるのかということがポイントとなる。

　アニメのドラえもんは世界中の人々から愛されるキャラクターであるが、ドラえもんを生み出したまんが家の藤子・F・不二雄は、自ら次のように語っている。「まんがというものを分解してみますと、結局は小さな断片の寄せ集めなんでありますね。例えばドラえもんです。まず未来。これは昔からある既成概念です。それからロボット。これも誰もが知っている周知の断片ですね。ネコもその辺に

ウロウロしているわけです。これらの３つの断片を寄せ集めることによって、未来の世界のネコ型ロボット・ドラえもんという、それまでになかったものが一つできてくる。これはほとんど無意識の領域で行われるものなんですけど、やはりなるべくおもしろい断片を数多く持っていた方が勝ちということになるわけです」（第５回「藤子不二雄賞」授賞式スピーチ、2013年12月18日 BS 朝日放映の「昭和偉人伝」より）ドラえもんも組み合わせ型創造性で生み出されたわけである。

　概念の組み合わせで、どちらの概念にも存在しない属性が生まれるとき、その属性は出現属性（emergent attribute）と呼ばれる。出現属性を生み出す概念の組み合わせは創造的であると感じさせる。Hampton [8] は被験者に概念を組み合わせさせ、９つの新しい概念を考えさせる実験を行った。関連性の高い概念の組み合わせから出現属性が生まれることは稀であり、出現属性は概念の組み合わせが空想的なものになる場合に生まれやすいと報告している。

　ソーヤーは概念の組み合わせのモデルを６つ紹介しているが、その中で最も創造的な概念を生み出すモデルは、構造マッピングである。１つの概念の複雑な構造を使って、２つ目の概念を再構築する。pony chair という概念が、他の馬より小さい仔馬と同じように、他の椅子より小さな椅子を意味する場合、仔馬の形をした椅子という概念より創造的である。

(2.8) メタファー・アナロジーによる創造性

　概念の組み合わせも、単に異なる概念を強制的に組み合わせるのではなく、無意識のうちに適切な組み合わせを思いつく能力を人は持っている。さらに、そのような適切な組み合わせを生み出す仕組みとしてメタファーがある。メタファーとは、抽象的な概念と明確な形を持った具体的な概念との間に成り立つ一定の対応関係のことであり、人の創造的な認知機能の根源である。

　ある意味を持った対象のまとまりをカテゴリーという。いろいろな対象からカテゴリーを作ることをカテゴリー化という。カテゴリー化は人の基本的な認知能力である。人は日常の経験を通じてカテゴリーの数と種類を増やしてゆく。新しいものに出会うと、既存のカテゴリーに含まれるかどうかによってその新しいものを理解しようとする。既存のカテゴリーに含まれなければ、新しいカテゴリーを作ることによって知識を増やしてゆく。新しいカテゴリーを作るときに既存のカテゴリーを活用する。宇宙船というカテゴリーは船のカテゴリーを活用して作

られたカテゴリーである。目に見えない、触ることのできない抽象的なカテゴリーはメタファーによって作られる。

「彼は明るい人間だ」というときの性格の明るさは、人の表情や振る舞いと光の明るさの対応関係、すなわちメタファーから生まれたカテゴリーである。「情報の流れが悪い」という表現は、情報という抽象概念を液体とのメタファーで捉えていることを表している。「プロジェクトは暗礁に乗り上げた」という表現も、プロジェクトと船とのメタファーから生まれている。しらずしらずのうちにメタファーは使われているのである。新しく理解したいもの、表現したいものに出会うと、人はメタファーを活用する。

例えば、人生を理解、表現するために、人は人生と旅とのメタファーを利用する。「旅」のように、より基本的で理解の元となる概念領域を根源領域（source domain）とよび、「人生」のようにメタファーによる理解の対象となる概念領域を目標領域（target domain）という。両者の対応関係は写像（mapping）と呼ばれる。根源領域の要素には、出発点、門出、分かれ道、上り坂、近道、終着点など、数多くの要素が存在する。終着点には死が対応する。大学入試に失敗した後輩に、「人生には道草も大切だ」などと励ますときにメタファーはとても有効である。

「彼女はバラのようだ」という直喩や、「彼女はバラだ」という隠喩を比喩と呼ぶ。隠喩は英語でメタファーであるが、ここでは彼女とバラの対応関係を指す。

メタファーはアナロジーの一つと考えられる。アナロジーとはある概念とある概念の間に存在する属性と属性、関係性と関係性の間の対応関係のことである。例えば、電気の流れを理解するために、水の流れとのアナロジーを考える。水圧と電圧、流速と電流、管の太さの逆数と抵抗が対応する。流速は水圧に比例し、管の太さの逆数に反比例する。この関係が電流にも成り立つ、すなわち、電流は電圧に比例し、抵抗に反比例する、とするのがアナロジーである。アナロジーに基づいて、推論を行うこと、例えば、電流は電圧に比例し、抵抗に反比例するであろうと推論することを類推という。類推をアナロジーと呼ぶこともあるが、ここではアナロジーは対応関係を指す。

A:B = C:D という関係式を考える。比例関係を表しているとすれば、例えば、2:4 = 3:6 となる。「拳銃：弾丸＝弓：矢」は、A と B の関係は、C と D の関係に等しいというアナロジーを表している。A:B とかけて C と解く、その心は、C:D であるというのは謎かけである。多くの謎かけは、単なる言葉の類似性を使ったものであるが、関係性をうまく使ったアナロジーになっている謎かけもないわけではない。例えば、「『ミニスカート』とかけて、『結婚式のスピーチ』と解く。その心は『短いほど喜ばれる』」という謎かけは、「ミニスカート：人々の好み＝

結婚式のスピーチ：人々の好み」というアナロジーを活用している。

　認知能力の発達の過程で、メタファーが高度化してアナロジーに発展したという捉え方もできるであろう。属性と属性の対応関係が属性間の関係と属性間の関係へ昇華したと考えるのである。

　メタファーも含め、アナロジーは人の創造性の基本的なメカニズムである。かけ離れた対象の間にアナロジーが成り立つ場合、それは創造的なアイディア、すなわち、新しくて有効なアイディアを生み出す。

　例えば、最も有名なアハ体験、アルキメデスが風呂に入っているときのひらめきは、「風呂からあふれる水の量：身体の体積＝容器からあふれる水の量：王冠の体積」というアナロジーから生まれた。ヘンリー・フォードが牛を解体している様子を見て流れ作業による自動車組み立て方法を思いついたのも、やはりアナロジーによるものである。

コラム①：ダイソンのサイクロン式掃除機

　ダイソンのサイクロン式掃除機はイノベーションの典型的な事例である。そのアイディアの新規性を考えてみよう。ダイソンのサイクロン式掃除機が発売された1986年よりはるか前、1928年からサイクロン式掃除機を製造していた会社があったが、1986年まではサイクロン式掃除機は全く認知されていなかったから、新規性が高いと言ってよいだろう。

　ダイソン社のウェブサイトには「製材工場の屋根に設置されていた、木くずと空気を分離するサイクロン装置を見てひらめきました。しかし、同じ原理が掃除機にも通用するでしょうか。5年と5,127台の試作品を経て、ジェームズは世界発のサイクロン掃除機の開発に成功しました」と記されている。サイクロンとは1886年にアメリカのモースによって発明された粉体分離方式のこと。ダイソンのサイクロン式掃除機は、製材工場のサイクロン装置とのアナロジーから生まれた。アナロジーを構造的類似性と表層的類似性から分析すると、このアナロジーは構造的類似性、表層的類似性とも高いようだ。

　構造的類似性が高く、表層的類似性が低いほど、新規性が高まるという考え方からすると、ダイソンの掃除機の新規性はそれほど高くないと言えるのかも知れないが、学ぶべき教訓は、表層的類似性が低く

なくても大きなイノベーションにつながるということであろう。

コラム②：うどんとコンクリート

　コンクリートの製造には材料の練り混ぜが必要だ。練り混ぜというのは結構難しい工程で、手打ちうどんの本質もうどん粉と水を練り混ぜるうどん職人の技術にある。機械ではなかなか職人のようにうまく練り混ぜることができない。うどん打ちからのアナロジーでコンクリートの練り混ぜ技術を発明したのが、前田建設工業（株）の縦落とし型連続式ミキサ「M-Yミキサ」である。

　M-Yミキサは、うどんの練り混ぜ方を単純な混練ユニットによって実現したものだ。材料は混練ユニットを通過するだけで、圧延と重ねの2つの作用を受けて練り混ぜられる。混練ユニットをいくつか連結し、重力を使って材料を上から下へ通過させるだけで練り混ぜることができる。うどんの練り混ぜ方の基本は、うどんを半分に折り曲げ、押し広げる。次に直角方向に半分に折り曲げ、押し広げる。これを繰り返すだけである。これをコンクリートで実現したのが、混練ユニットである。

　この画期的なミキサのアイディアは、うどんの練り混ぜ方とのアナロジーから導き出されている。

図 2-4

縦落とし型連続式ミキサ「M-Yミキサ」の原理

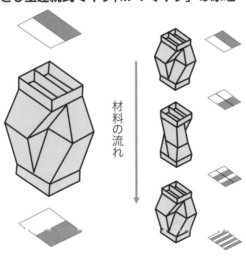

材料の流れ

②.9 アナロジーのパラドクス

　認知心理学におけるアナロジーの研究は1980年ごろから盛んに行われるようになった。Holyoak とその共同研究者たちは問題解決におけるアナロジーの役割に着目して実験研究を行った。Gick and Holyoak [10,11] は、大学生の被験者にベースとなる「要塞物語」と別の２つの無関係の物語を、記憶に関する実験だと偽って読ませ、次に「腫瘍問題」を解かせた。要塞物語とは、要塞への道に地雷が仕掛けられており、大軍が通ると重量制限を超えて地雷が爆発するという設定の物語である。軍を複数のグループに分けて、複数の道から要塞を攻めて陥落させなければならない。腫瘍問題とは、強い放射線を当てると健常組織まで破壊されてしまうという設定の問題であり、複数の弱い放射線を様々な方向から照射するというのが求められる解である。要塞物語と腫瘍物語の間には、攻撃（照射）の方法にアナロジーが存在している。

（１）パラドクス
　要塞物語を読ませずに腫瘍問題を解かせた場合、10％が正解した。要塞物語

図 2-5
想起率 [12]

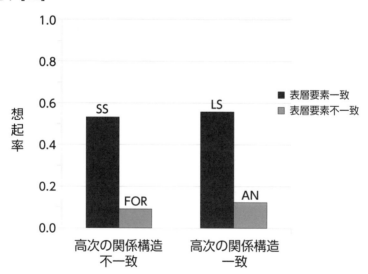

を読ませても、ヒントを与えなかった場合には20％しか正解しなかった。「先ほど読んだ物語の一つが問題解決に役立つはずです」というヒントを与えると75％が正解した。アナロジーの認識やアナロジー推論（類推）は容易にできるのに、なぜターゲットとアナロジーの関係にあるソースを想起することができないのかが、アナロジーのパラドクスとして20年間も謎とされた。

　ここでGentnerら[12]の実験結果を紹介しておこう。実験は短い物語を読む学習セッションと、手がかりとなる物語を読んで元の物語を想起する想起セッションからなる。物語の中の語彙が持つ属性を表層要素、文と文の因果関係を高次の関係構造と呼び、2つの類似性を操作して実験を行った。文内の動詞の格構造である低次の関係構造は全ての物語で一致している。

　図 2-5 に実験結果を示す。元の物語と手がかりとなる物語の間で、「SS」は表層要素が一致する場合、「AN」は高次の関係構造が一致する場合、「FOR」は表層要素も高次の関係構造も一致していない場合、「LS」は表層要素も高次の関係構造も一致している場合である。高次の関係構造の有無にかかわらず、表層要素が一致している場合は想起率が高く、表層要素が一致していなければ想起率は低い。表層要素が一致しているかどうかを表層的類似性、高次の関係構造が一致しているかどうかを構造的類似性と呼べば、物語の想起は表層的類似性に支配されており、構造的類似性には依存しない。人は構造的類似性に気づかないということを示している。

（2）想起と生成：パラドクスの解消

　Dunber は長年にわたってこのアナロジーのパラドクスに取り組んだ研究者の一人である。まず Dunbar による実現場研究の結果[13]を紹介しよう。分子生物学と免疫学の先端的研究室の毎週のミーティングをビデオに収め分析した。期間は3ヶ月から1年にわたっている。その結果、アナロジー思考が仮説の形成から実験のデザイン、データの解釈、説明に至るまで、科学的推論の全ての側面において重要な要素であることが明らかとなった。特に、予期せぬ発見においてアナロジー思考は重要な役割を果たしている。ここで、アナロジー思考とは、結果をもたらす原因や問題を解決する手段、目的を達成する手段をアナロジーに基づいて発想する思考のことである。

　4つの研究室において1回のミーティングで2～14件のアナロジーが観察された。ほとんどのアナロジーは同じ領域か、非常に近い領域間のアナロジーであった。新しいモデルや概念を構築する場合には、別の関連する領域とのアナロジーが使われた。同じ、または近い領域間のアナロジーの場合も、単なる表層的類似性によるアナロジーではなく、構造的類似性は高かった。

予期せぬ発見に遭遇した場合、最初にアナロジーを活用して説明が試みられた。同じ生体組織における同じような条件で生じた同じような現象が言及され、解決法が提案される。アナロジー思考である。表層的類似性に基づくアナロジー思考も問題を特定する上で有効なことが多い。

　予期せぬ発見が連続して起こる場合には、アナロジーの使い方に変化が生じる。個々の予期せぬ発見に対処を続けても解決できないような場合である。科学者は、そのような場合、新しい、もっと一般的なモデルや仮説、理論的説明を提案する。この際、別の生体組織の別種のモデルやメカニズムとのアナロジーが使われる。研究室外の研究成果も言及され、近いアナロジーから離れたアナロジーへの変化が起こる。科学者は科学的発見の思考プロセスを覚えていないので、実現場研究でなければ、このような思考プロセスを明らかにすることできない。

　なぜこのような自然な状況ではアナロジーが頻繁に活用されているのに、実験室での研究ではなぜアナロジー思考が起きにくいのかを明らかにするために、ダンバーらはアナロジー生成に関する実験を行った。1990年代のカナダにおける財政赤字解消問題を題材に取り上げ、被験者に「分野を問わず支出削減」か「健康・医療、教育等の予算は守る」のどちらかの立場に立ったスローガンを作成する課題を与えた。心理学の研究者はアナロジーが人々の意見を変えるのに有効だと説明し、アナロジーを活用してスローガンを作成するよう指示した。

　被験者1名当たり平均11件のスローガンが作成された。80%は寓話、国内課題、

図 2-6
想起課題と生成課題における想起率（[14] に基づき著者が作成）

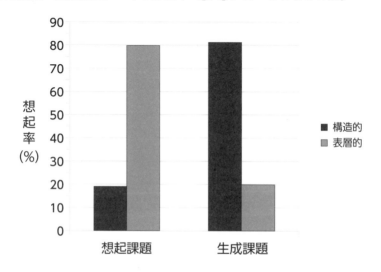

動物など政治や金に関わらない領域とのアナロジーが利用されていた。人は構造的類似性が高く、表層的類似性の低いアナロジーを利用することが確認された。

このように自然な状況では構造的類似性に基づいてアナロジー思考ができるのに、なぜ実験室の実験ではそれができないのか。アナロジーのパラドクスに対する答えは課題の種類にある。

想起課題では約80％が表層的類似性に基づき、生成課題では約80％が構造的類似性に基づいている（**図2-6**）。想起課題は思い出したものを提示するという指示に従う課題であるが、生成課題は自らアナロジーを発案するという課題であり、課題を実施する意図、動機に大きな違いがある。また、想起課題では直前に記憶した内容が探索対象であるのに対して、生成課題では自身の長い人生の中で蓄積された膨大な長期記憶が探索の対象となる。記憶の探索は認知的負荷の大きな作業であり、探し出したいという強い願望がなければ達成することは難しい。構造的類似性に基づくアナロジーの探索には意志の強さが必要である。生成という課題は人にとって魅力的であり、達成のための強い意志を生み出すのである。人間が創造的な生き物である源泉は、この生み出すことに対する欲求にある。

（3）アイディア創出ワークショップへの示唆

このように学術的知見を見ていくと、アナロジー思考が創造性の有力なメカニズムであるようだ。アナロジー思考のために動機づけが重要なことも分かった。しかし、アイディア創出ワークショップを設計する上で、アイディアの発想に対する動機を高めることしか方策がないのだとしたら、できることは限られてしまう。人生の中で蓄積された長期記憶しか活用できないのであれば、蓄積されていない情報や知識は、アイディア創出ワークショップで活かすことはできないのだろうか。

Dunbar はアイディア創出ワークショップの設計に希望を与える実験結果を提示している。被験者は複数の物語を読み、1週間後、その物語と構造的類似性はあるが、表層的類似性のない複数の物語を読む。最初に物語を読むとき、被験者を3グループに分け、1つ目のグループには何の条件も課さない（読解群）。2つ目のグループには実際にその物語とのアナロジーを使って別の物語を作成させる（アナロジー生成群）。3つ目のグループには、後でその物語とのアナロジーを使って別の物語を作成すると伝える（擬似生成群）。

1週間後、複数の物語を読むとき、半分の被験者には思い出した物語を書かせた（想起教示）。もう半分の被験者には主題が似ている最初の物語を書かせた（主題教示）。その結果を**図 2-7**に示す。

実験の結果は、記憶の方法（エンコーディング）と想起の方法が構造的類似性

図 2-7
想起率の比較 [15, 16]

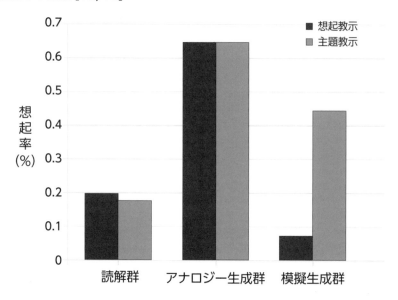

に気づく上で大きく影響していることを示している。ただ読むだけでは、想起の方法にかかわらず想起率は低い。記憶時にアナロジーを生成させる場合は、想起の方法にかかわらず想起率は高い。記憶時にアナロジー生成を示唆するだけの模擬生成群では、主題が似ている物語を想起させる主題教示の場合、想起率が高くなる。記憶の方法にアナロジー生成を用い、想起の方法として構造的類似性に着目するよう指示することが、構造的類似性に基づくアナロジー思考に有効であることを示している。この知見に基づいてアイディア創出ワークショップを設計すれば、新規性と有効性の高いアイディアを発想する確率を高めることができると考えられる。

参考文献：

[1] Wallas, G.（1945）. The Art of Thought. London: C. A. Watts.（Original Work Published 1926）

[2] Sawyer, R. K.（2011）. Explaining Creativity: *The Science of Human Innovation*. Oxford University Press.

[3] Collins, A. M., & Loftus, E. F.（1975）."A Spreading-activation Theory of

Semantic Processing". *Psychological Review*, 82（6）, 407.

[4] 太田信夫.（2008). 放送大学教材（ Originally from Collins and Loftus, 1975 [3]）

[5] Yaniv, I., & Meyer, D. E.（1987）. Activation and metacognition of inaccessible stored information: potential bases for incubation effects in problem solving. Journal of Experimental Psychology: Learning, Memory, and Cognition, 13（2）, 187.

[6] Bowers, K. S., Regehr, G., Balthazard, C., & Parker, K.（1990）. Intuition in the context of discovery. Cognitive psychology, 22（1）, 72-110.

[7] ヤング, ジェームス ,W.（1988）. アイデアのつくり方. TBS ブリタニカ. Manifesto for Agency Managers. New Jersey: John Wiley & Sons, Inc, 30.

[8] Hampton, J. A.（1987）. Inheritance ofattributes in natural concept conjunctions. Memory & Cognition, 15,55-71.

[9] https://www.maeda.co.jp/tech/all/td0063.html

[10] Gick, M. L., & Holyoak, K. J.（1980）. Analogical problem solving. Cognitive psychology, 12（3）, 306-355.

[11] Gick, M. L., & Holyoak, K. J.（1983）. Schema induction and analogical transfer. Cognitive psychology, 15（1）, 1-38.

[12] Gentner, D., Rattermann, M. J., & Forbus, K. D.（1993）. The roles of similarity in transfer: Separating retrievability from inferential soundness. Cognitive psychology, 25（4）, 524-575.

[13] Dunbar, K.（1997）. How Scientists Think: On-Line Creativity and Conceptual Change in Science.

[14] Dunbar, K.（2001）."The Analogical Paradox: Why Analogy Is so Easy in Naturalistic Settings Yet So Difficult in the Psychological laboratory. The Analogical Mind: Perspectives from Cognitive Science, 313-334.

[15] 福田健.（2001）.「アナロジーと想起」.『類似から見た心』, 120-147.

[16] Dunbar, K., Blanchette, I., & Chung, T.（2001）."Goals, Encoding, and Analog Retrieval. Unpublished manuscript, Department of Psychology, McGill University.

アイディア創出ワークショップの
設計とファシリテーション

　第3章では、アイディア創出ワークショップの設計とファシリテーションに関する基本的な概念や枠組みを解説する。ワークショップの根幹に関わる、最も重要な部分と言える。

　まずは3.1で、ワークショップのプロセスを設計するための基本的な概念を説明する。あらゆるものやこと、製品、サービス、ビジネスモデル、社会システムを、ある目的を果たす手段と捉えることにより、普遍性のあるアイディア創出ワークショップのプロセス設計方法を構築できる。設計にはアイディア創出ワークショップのプロセス標準モデルを用いる。

　3.2ではアイディア創出ワークショップのプロセスを説明する。目的分析、手段分析を含む事前プロセス、アイディア発想、アイディア評価、総括的分析、再試行の設計、アイディア精緻化という一連のステップの内容を説明し、要点を示す。

　そして3.3ではアイディア創出ワークショップの成否を左右する要素を論ずる。生み出されるアイディアの質を決定する要素は数多くあるが、主要な要素は、①事前準備、②ワークショップ前半のワークショップ・プロセス、③ワークショップ後半のPDCAサイクルの3つである。

3.1 アイディア創出ワークショップのプロセスの設計： 基本的概念

（1）目的と手段

アイディア創出ワークショップで生み出すアイディアとは、「手段」に関するアイディアであると本書では定義する。手段とは目的を果たすための方法であり、製品もサービスも手段である。例えば、Google 検索は、知りたい情報を得るための手段である。このように一般化することによって、製品であれ、サービスであれ、全ての対象を同様に扱うことが可能となる。問題解決で考えれば、問題を解決することが目的であり、問題解決策がその手段である。

アイディア創出ワークショップで重要なことは、新規性が高く、有効な手段のアイディアを生み出すことである。手段が有効であるとは、手段が大きなインパクト（効果、影響）を生み出すということである。新しくなくても有効であれば優れた手段であるという考えも成り立つが、既に多くの手段が存在するにもかかわらず、目的が十分に達成されていないのだとすれば、新規性を重視することには必然性が認められよう。

（2）アイディア創出ワークショップのプロセス標準モデル

i.school ではアイディア創出ワークショップのプロセスにフォーカスを当てる。ワークショップは人の集団による情報処理と本書では捉えている。なぜならインタビュー調査などの結果から本質的な問題点を抽出する分析も情報処理であり、アイディアを発想することも分析結果や資料情報、さらに脳内に蓄積された記憶に基づく情報処理として理解できるからだ。発想されたアイディアを評価することも、アイディアを選択することもすべて情報処理として考えられる。

ワークショップを情報処理と捉えれば、そのプロセスは記述することができ、さらにそれをモデル化することもできる。プロセスは設計可能であり、プロセスを改善することもできる。プロセスの質を高めることによって、生み出されるアイディアの質を高め、また、ワークショップの教育効果を高めることにもつながる。これが i.school でプロセスにこだわる理由である。

図 3-1 にアイディア創出ワークショップにおけるプロセスの標準モデルを示す。これは、これまでに観察した数多くのワークショップを分析した結果をまとめたものである。全てのアイディア創出ワークショップはこのモデルで説明することができる。また、このモデルを用いてアイディア創出ワークショップを設計することもできる。

図 3-1

アイディア創出ワークショップのプロセス標準モデル

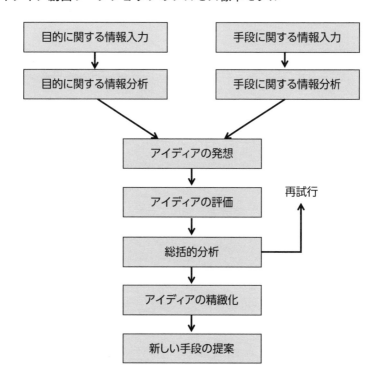

前述の通り、ある目的を果たす新しくて有効な手段を生み出すのがアイディア創出ワークショップのゴールだ。まず、目的に関する情報処理を行い、次に手段に関する情報処理を行って、それに基づいてアイディアの発想を行う。発想されたアイディアを評価し、総括的分析を行い、精緻化し、最後に提案するというのが標準的なプロセスだ。

標準モデルはあくまでもワークショップのプロセスの主要な要素と流れを示したものである、実際のワークショップのプロセスがこのように一直線で進行するわけではない。

アイディア創出までが前半部分で、そこでは、すべてのチームが設計された通りに同じようなペースで作業を進めていく。後半は、目的分析をやり直してみたり、手段分析をやり直してみたり、アイディア発想をやり直してみたりといった試行錯誤を、チームごとに、それぞれの状況に合わせて繰り返す。

3.2（4）で詳しく説明するが、「総括的分析」はワークショップ後半の試行錯

誤を最適化するために導入したステップであり、グループワークの状況を分析し、アイディアの精緻化に進むか再試行を行うのか判断し、再試行する場合にはどこに問題があったのかを明らかにして、再試行の方向性を明確にする。

（3）アブダクション

アイディア創出ワークショップのプロセスにおいて最も重要な部分はアイディアの発想である。アイディアの発想における思考は、アブダクションという思考様式である。アメリカの論理学者・科学哲学者チャールズ・パース（Peirce, C. S.）は，科学的論理的思考には演繹（deduction）、帰納（induction）のほかにアブダクション（abduction）またはリトロダクション（retroduction）と呼ぶ思考の方法または様式が存在し、科学的発見・創造的思考において重要な役割を果たす、と唱えた（『アブダクション──仮説と発見の論理』、米盛裕二著、勁草書房、2007年）。

コロンブスが海原の地平線に飛ぶ鳥を発見したときに、近くに大陸があると思い至ったように、結果から原因を思いつく思考もアブダクションである。目的を果たす手段を思いつく思考もアブダクションである。仮説を形成する思考もアブダクションであり、アブダクションは仮説推論とも呼ばれる。

手段が与えられれば、その手段がどういう目的を果たすかは論理的に考えることができる。手段から目的を考えるのは論理的思考であって、その思考はいつも意識の下に置くことができる。

一方、目的を果たす手段を思いつくことは、**図 3-2** の右から左という方向になる。それがアブダクションという思考だ。このアブダクションという思考は意識の下にはない。どうやって思いついたのかと聞かれても、思いついた本人も答えられない。アブダクションはそういう性質を持った思考だ。

傘は「雨に濡れない」という目的を果たす手段である。どうして傘をさすと雨に濡れないかは論理的に説明できるし、その思考過程は全て意識的である。一方、傘がないとき、雨に濡れない手段を思いつく思考はどうだろうか。持っていた鞄を頭に乗せる、軒先で雨宿りするなどの手段が思いつく。その思考過程は意識に上っていない。「思いつき」とか、ひらめきという言葉が相応しい思考である。これがアブダクションだ。

このような思考をどのように支援するかが、アイディア創出ワークショップの設計で最も重要な課題である。

（4）創造性の３形態

人間の創造性に関しては、認知心理学、人工知能研究、脳科学といった、いろ

図 3-2
目的を果たす手段を思いつく思考

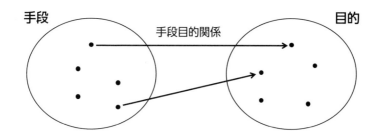

いろな分野から研究がなされてきた。人工知能研究では、人間の創造性をコンピューター・プログラムで再現するシミュレーションを行い、そこから人間の創造性とは何かを明らかにしてきた。絵を描く、小説を書く、音楽を作るといったことまでを含む、あらゆる人間の創造的活動をコンピューターで再現し、人間の創造性を理解する研究が積み重ねられてきた。権威ある認知科学・人工知能の研究者、マーガレット・ボーデン（Margarete Ann Boden）は、これらの膨大な研究を総括して、人間の創造性を、①組み合わせ型創造性（combinational creativity）、②探索型創造性（exploratory creativity）、③変換型創造性（transformational creativity）の３つに分けられるとした。

　組み合わせ型創造性とは、組み合わせによる創造性だ。「バナナ」と「ボート」を組み合わせると「バナナボート」になるという発想法だ。後述するアナロジー思考もこれに属する。

　探索型創造性は、既存の枠組みの中でまだ試されていない方法を探索する発想法である。いろいろな作り方、表現の仕方をトライし、何度も壊して作り直すことで新しい表現を見つけ出す方法はこれに属する。これを実現するワークショップ・プロセスの一例は、過去の手段事例のいくつかを、例えば２つの軸で分析、マッピングしてみて、空いている領域に新しい手段があるのではと探索する方法だ。これは「２×２」という分析手法で、すでに探索されているところはどこで、まだ探索されていないところはどこかなど、オープンスペースを探していく方法だ。

　変換型創造性は、価値基準を変える、前提を変える、枠組みを変える、常識を覆すなど、今まで当たり前だと思っていたことを問い直し、違う考え方をしてみる、という手法である。例えば、先生が生徒に教える学校は普通だが、生徒が先生に教える学校というものを考えてみる、という発想法はこれに属する。画家の

ピカソは生涯に何度か絵の描き方を大きく変えているが、そのような変化によって生まれる創造性は変換型創造性の一例であろう。

　既存のアイディア創出ワークショップを分析すれば、そのワークショップで生み出そうとしている「新しさ」は、この創造性の3形態のどれかに対応していることが分かる。逆に、新しいアイディア創出ワークショップを設計するとき、どのように「新しさ」を生み出せばよいかを考える上でこの創造性の3形態は参考になる。

（5）新しさを生み出す仕組み

　アイディア創出ワークショップを分析すると、ワークショップ・プロセスに新しさを生み出す仕組みが埋め込まれていることに気づく。以下の仕組みはこれまでに発見した順番でリスト化したものである。

　　1）他者を理解する
　　2）未来を洞察する
　　3）概念を明確にする
　　4）思考パターンをシフトさせる
　　5）価値基準をシフトさせる
　　6）新しい組み合わせを見つける
　　7）アナロジーを活用する
　　8）想定外の使い道から目的を発見する
　　9）ちゃぶ台返し

　1）他者を理解するという仕組みは、例えば認知障害を持つ人のニーズを把握するためにインタビュー調査を行い、得られた事実情報から、ニーズに関わる示唆を導くという方法で実現される。**図 3-1**のプロセス標準モデルの左上の目的分析の具体的なやり方に埋め込まれた仕組みである。自分とは異なる状況の他者の気持ちや考えを把握すること簡単ではない。いまだ誰も気づいていなかったニーズを発見することができれば、そのニーズに応える手段には「新しさ」が備わる。これが他者を理解するという仕組みである。

　2）未来を洞察するという仕組みによって新しさが生まれるのは当然だ。未来におけるニーズが今のニーズと異なっている可能性は高い。これまでに提示されたことがない未来のニーズを考えれば「新しさ」を生み出すことができる。しかし、適切な未来のニーズを把握することは容易ではない。未来がどうなるかは誰にも分からないからだ。未来を洞察する仕組みを実現する方法はいくつもあるが、

考えうる未来の状況が起こる可能性、必然性やその状況が起こった場合の影響の大きさなどを考慮して方法を選ぶ必要がある。

３）概念を明確にするという仕組みも目的分析の方法で実現される。例えば、「エコ」という概念は幅広い概念である。「エコ」を感じる様々な体験を持ち寄り、分類すると「エコ」といっても意味合いの異なる概念に分けることができる。これは辞書を編纂するときに語の用例を分類する作業に似ている。当たり前でない概念を見つけることができれば、その概念を実現する手段は新しい手段となる。この仕組みによって生まれる「新しさ」は（４）「創造性の３形態」の探索的創造性に分類される。例えて言えば「エコ」という概念の地図の上で、まだ行っていない場所を探索するという作業に相当する。

４）思考パターンをシフトさせるという仕組みは、イノベーションの世界でカリスマ的な存在である濱口秀司氏の「Break the bias」と呼ばれるワークショップの仕組みである。人々のアイディアを分析し、そこから思考パターンを見つけ出す。その上で思考パターンをモデル化し、人々の発想における思考パターンとは真逆の思考パターンを追求することによって、誰も考えたことがない革新的なアイディアを発想するという手法で実現される。これは創造性の３形態の変換型創造性に分類される。「常識を覆す」ということを具現化する方法である。**図 3-1** のプロセス標準モデルの右上の手段分析に思考パターンをシフトさせるという仕組みが埋め込まれている。目的を達成する手段として、人々が考える手段とは全く異なる手段を発想することを支援する方法である。

５）価値基準をシフトさせるという仕組みは、英国の美術大学である王立芸術院（Royal College of Art、RCA）が担当した「製造業の未来」というテーマの i.school のワークショップで使われた。RCA は QS 世界大学ランキングにおいては、2020 年の時点で 6 年連続でアート・デザイン分野の世界 1 位にランクインしている。

そのワークショップのために英国からやってきた RCA のメンバーは、ワークショップの開催に先立ち東京・秋葉原を訪れ、冷蔵庫、掃除機、CD プレーヤー、ヘアドライヤー、プリンターを購入し、ワークショップの各チームに 1 つずつ配った上で分解するよう指示した。さらに、分解した部品を展示してそれぞれの部品が果たしている機能を説明させた。その上でサステナビリティの講義を行い、資源や環境が有限であること、エコが重要であることを説明した。その後、それぞれの工業製品がサステナビリティの観点から受け入れられるかどうかを答えさせた（図3-3）。

サステナビリティの観点から受け入れられないのであれば、同じ機能を持ち、サステナビリティの観点から受け入れられる製品を考えよ、と指示を出した。

図3-3

ワークショップ「製造業の未来」:(a)工業製品の分解、(b)部品の機能説明、
(c) サステナビリティの評価

(a)

(b)

(c)

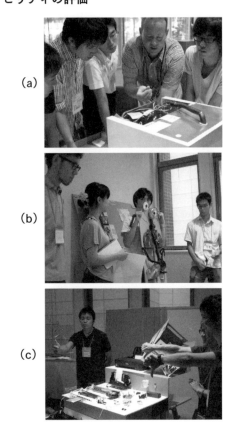

　このワークショップのプロセスに埋め込まれた新しさを生み出す仕組みは、
「価値基準をシフトさせる」ことだと理解できる。これまでの工業製品の価値基
準が「効率性」であるとすれば、「効率性」という価値基準を「サステナビリテ
ィ」にシフト（変換）させることによって新しい製品のアイディアが生まれるの
である。例えば、ヘアドライヤーは電気を使って温風を出し、髪を乾かすが、髪
を乾かすために温風を使わなければならないわけではない。吸水性の高い素材を
探せば、新しい髪を乾かす製品のアイディアが生まれることもあるだろう。

　この仕組みは、マーガレット・ボーデンの創造性の3形態の中で、変換型創造
性に対応する。価値基準を変えることによって創造性が発揮されるのである。

　6）新しい組み合わせを見つけるという仕組みは、創造性の3形態のなかの組

み合わせ型創造性そのものだ。ニーズとシーズ（テクノロジー、ビジネスモデル等）の掛け合わせによってアイディアを発想する方法はこの仕組みの最も分かりやすい例である。ニーズとして人々の困りごとを並べ、シーズとして技術を並べる。一つのニーズと一つのシーズを取り出して掛け合わせ、製品やサービスのアイディアを発想する。引きこもりの高齢者が笑顔を忘れてしまったという困りごとに対して、笑顔検知技術を掛け合わせることで、鏡に向かって笑うと「とってもいい笑顔ですね」と声をかけてくれるという製品のアイディアが生まれる。笑うと自動的にシャッターが下りるカメラに使われている笑顔検知技術が、新しい組み合わせで高齢者の困りごとを解消する新しいアイディアに生かされる。これが新しい組み合わせを見つけるという仕組みを活かした例だ。

　7）アナロジーを活用するという仕組みは、アナロジー思考によるアイディア発想で使われる。第2章2.8「メタファー・アナロジーによる創造性」で説明した通り、アナロジーとはある概念とある概念の間に存在する属性と属性、関係性と関係性の間の対応関係のことである。アナロジー推論（類推）とは、ある事象AとBの間にアナロジーが成立しているとき、事象Aに存在することが分かっているある性質が事象Bにも存在するだろうと考える推論のことである。アナロジー思考とは、アナロジーに基づいて目的を達成する手段を発想する思考を指す。アナロジー思考は、アイディアを生み出す典型的な仕組みであり、認知心理学で長い間研究対象になってきた。

　例えば、Amazonのレコメンド機能を回転寿司に当てはめたらどうなるか。Amazonは、客の購入履歴、持っている商品、商品の評価などのデータを検証し、Amazonのサイトでの他の購入者のアクティビティと比較して、「お客様へのおすすめ」で興味を持ってもらえそうな他の商品をおすすめする。回転寿司で、皿の裏にQRコードをつけて、どういう人たちが、どういうお寿司を、どういう順番で食べたかという記録をとれば、子連れのファミリー、シニアのカップルだったらそれぞれどういう寿司ネタ出せばよいかということが分かる。来た客からすると、常に自分の欲しいものが回ってくるので、顧客サービスとして優れているし、出せばすぐに取ってもらえるので、安全衛生上のメリットもある。廃棄率が低くなるので、ビジネスとしても有効となる。AmazonのWEB通販と回転寿司は全く異なるサービスだが、構造的類似性、すなわち高次の関係性・仕組みの類似性を有している（**図3-4、5**）。

図 3-4

Amazon のおすすめ商品サービスと QR コードをつけた回転寿司の皿

図 3-5

Amazon と回転寿司の比較

Amazon	回転寿司
様々な商品	寿司
購入ボタンをクリックする	裏に QR コードが貼ってある皿を流し口に返す
提供している価値 ・自分の好みに合った本を紹介してくれる	提供している価値 ・食べたい種類の寿司が適切なタイミングと量で回っている
価値創出のメカニズム ・お客様の購入履歴、持っている商品、商品の評価などをデータ検証し、Amazon のサイトでの他の購入者のアクティビティと比較して、お客様へのおすすめで興味を持っていただけそうな他の商品をおすすめする	価値創出のメカニズム ・消費実績のデータベース化と分析による需要予測システム ・皿の裏に貼られた QR コードによる廃棄管理システム
集合知提供の動機 ・買いたい本を買うだけ	集合知提供の動機 ・食べたい寿司を食べるだけ

コラム①: 関連づける思考(Associational Thinking)

　『イノベーションのジレンマ』で有名なクレイトン・クリステンセンが著した『イノベーションの DNA 破壊的イノベーターの５つのスキル』(Harvard Business School Press、2012年)は、イノベーター100名、イノベーティブな企業の CEO500名にインタビューし、イノベーターの DNA を明らかにしている。それによると、イノベーターに

は多くの共通点があり、その共通点は５つのスキルで、質問力、観察力、ネットワーク力、実験力という４つの行動的スキルと、斬新なインプットを組み合わせる認知的スキル（cognitive skill）＝関連づける思考（associational thinking）だという。この associational thinking とは、一見関係性がない事柄の間に関係性を見出せる能力である。これはすなわち、アナロジー思考が得意な人が associational thinking を発揮して、成果を上げているのである。

8）想定外の使い道から目的を発見するという仕組みは、次のようなワークショップで活かされている。何らかの製品について本来の目的とは違った使い方をしている事例を収集したり、ワークショップの参加者に製品を使って本来の目的は違った使い方を考案したりしてもらう。それらの想定外の使い方からニーズを把握することによって、いまだ気づかれたことのないニーズを発見することができる。新しいニーズはそのニーズに応える手段の新しさにつながる。

9）ちゃぶ台返しという仕組みは、ワークショップ後半にアイディアを評価して選択しようとする過程で行き詰まり、やり直すときに課題を捉え直すことで、全く新しい目的が設定されることを指している。例えば、認知障害を持つ人の困りごとを解消するという目的を果たす手段を探し求めて行き詰まり、ちゃぶ台返しをきっかけに、認知障害を持つ人に対する健常者の無意識の差別意識が根本的な課題であることに気づき、健常者の行動を変容させる手段を考え始めるようなときにこの仕組みが活かされる。（7）で説明する通り、ワークショップ後半の試行錯誤をコントロールし、PDCA サイクルを回すことにより、この仕組みを有効に機能させることができる。このとき、ファシリテーターがチームに与えるフィードバックが重要な役割を果たす。

（6）新規性を生み出すアプローチ

新規性を生み出すアプローチとは、これまで説明してきた創造性の３形態や新しさを生み出す仕組みを活かして具体的にワークショップを実施する際の類型のことである。i.school では、新規性を生み出すアプローチとして、6通りのアプローチを使い分け、テーマに応じて違ったアプローチを採用している。

①未来探索アプローチ

未来の生活　未来の社会は当然新しい生活、新しい社会である。未来を考えれば、新しい目的、新しい手段を思いつくことにつながる。未来を探索することはイノベーションを生み出すための有力なアプローチである。問題は未来を考える

方法である。シナリオプランニングは不確実性が高くインパクトの大きな要因を抽出して、その要因により左右される複数の未来シナリオを作成する手法である。（『シナリオ・プランニング「戦略的思考と意思決定」』キースヴァン・デル・ハイデン他、ダイアモンド社、1998年）特定テーマの想定内の未来シナリオである未来イシューと、未来の社会変化の兆しと考えられる情報から導かれる想定外の社会変化仮説との掛け合わせによってアイディアを発想する未来洞察も、このアプローチに分類される。（『新たな事業機会を見つける「未来洞察」の教科書』日本総合研究所未来デザイン・ラボ著、KADOKAWA、2016年）

②エスノグラフィックアプローチ

エスノグラフィ（観察対象の生活自体に深く入り込み、その環境・行動様式などからも情報を取得する行動観察調査）により、人間に対する理解を深め、新たな気づき、発見を得ることにより、新しい「目的」を見つけるという手法である。新しい目的が見つかれば、その目的を果たす新しい手段が生み出されることになる。（『「行動観察」の基本』松波晴人著、ダイヤモンド社、2013年）

③エクストリームケース（ユーザー）アプローチ

エクストリームケースアプローチとは、普通の事例から外れた極端な事例を分析する方法である。UXデザイン（User Experience Design）でよく行われるエクストリームユーザー調査の考え方を拡張し、顧客だけでなく、分析の対象を各種の事例に広げたもので、エクストリームケースと呼ばれる。例えば政策にこのアプローチを適用することもできる。極端な事例として、現在の普通のケースではなく、未来を先取りしているケース（事例）を分析することにより、未来社会における課題やニーズを把握することができる。未来を先取りしているケース、未来の予兆と考えられるケースは、現在においては稀なケース、極端なケースであり、エクストリームケースに相当する。未来の当たり前になるケースを取り上げることが重要であり、エクストリームケースの選択がこのアプローチの成否を左右する。

④アナロジー思考アプローチ

本節の（5）の7）で説明したアナロジー思考を用いてアイディアを発想するアプローチである。ある目的を果たす手段のアイディアを発想するために、アナロジーの元となる事例を準備することがこのアプローチの肝となる。事例の収集方法については第5章で実例に基づいて説明する。

⑤ニーズ×シーズ（テクノロジー）アプローチ

何らかの方法でニーズ（必要となるもの、こと）を把握し、そのニーズに応える手段のアイディアを発想するもので、その手段に利用可能なシーズ（テクノロジー、ビジネスモデル等）を準備し、ニーズとシーズの掛け合わせによりアイデ

ィアを発想する。新しいニーズであれば、既存のシーズと掛け合わせても新しいアイディアが生まれる。ニーズが新しくなくても、シーズが新しければ新しいアイディアが発想できる。ニーズとシーズのどちらも新していくなくても、ニーズとシーズの組み合わせが新しければ新しいアイディアを生み出すことができる。創造性の3形態における組み合わせ型創造性である。シーズがもともと想定していないニーズと組み合わせてアイディアを発想する場合、新規性が発現することになる。この手法ではこのようなセレンディピティ（偶然の幸運）を生み出す可能性が期待できる。

⑥バイアスブレイキングアプローチ

　バイアスとは思い込みを指し、当たり前だと思って疑わないことである。バイアスブレイキングアプローチは、そのような思い込みに気づき、思い込みを崩して新しいアイディアを発想する手法である。思い込みに気づくことは容易ではない。思い込みを発見するための仕組みをワークショップのプロセスに組み込むことが必要である。本節（5）で説明した「5）価値基準をシフトさせる」仕組みはバイアスを崩す仕組みであり、RCA のワークショップはバイアスブレイキングアプローチに分類される。「4）思考パターンをシフトさせる」仕組みを組み込んだ濱口秀司氏の「Break the bias」というワークショップも、バイアスブレイキングアプローチに分類される。（「SHIFT: イノベーションの作法」濱口秀司著、ダイヤモンド社、2019年）バイアスブレイキングアプローチは創造性の3形態の変換型創造性に対応している。

（7）ワークショップ後半の試行錯誤最適化：PDCA サイクル

　ワークショップに時間的制約がある場合には、アイディア評価の後、すぐにアイディアの選択が行われ、アイディアの精緻化、最終プレゼンテーションに進んでいく。そのような場合、アイディアの選択は投票によることが多い。納得していなくても前に進めなければならない。そのようなやり方で優れたアイディア創出に至ることはほとんど期待できない。

　時間的に余裕がある場合、アイディアの選択に多くの時間を費やしたり、「ちゃぶ台返し」とも呼ばれるやり直しが行われたりする。チームの結論として「ちゃぶ台返し」が行わることは稀で、ファシリテーターなどの外部者のアドバイスや指示によることが多い。やり直しの後に試行錯誤が繰り返され、迷走するというのはよくあることである。

　チームによるアイディア創出ワークショップを成功させ、優れたアイディアをアウトプットし、望ましい教育効果を発揮するためには、この後半の試行錯誤をコントロールし、方法論に従って進められるようにすることが必要である。すな

わち、ワークショップ後半の試行錯誤最適化が必要である。

　i.schoolでは、ワークショップ後半の試行錯誤を最適化するために、PDCAサイクルを回すという、業務の継続的改善手法をアイディア創出ワークショップに適用した。PDCAサイクルとは、Plan（計画）→ Do（実行）→ Check（評価）→ Act（改善）の４段階を繰り返すことによって、業務を継続的に改善する手法である（日本ではAをActionという）。

　図3-6に示すように、ワークショップは１巡目の右上からスタートする。ワークショップ・プロセスのデザインはファシリテーターによってなされており、このプロセスに従って、右下のアイディア発想の準備、すなわち目的分析と手段分析が行われ、左下のアイディア発想、アイディア評価に至る。

　次に、左上の総括的分析を行う。総括的分析は次項で説明するが、PDCAサイクルのCheck（評価）に対応する。総括的分析で再試行の方向性を決定し、再試行の設計から２巡目のサイクルに入る。業務改善においてPDCAサイクルのC、Checkが最も重要であるように、アイディア創出ワークショップにおいても総括的分析が重要な役割を果たす。

図3-6
アイディア創出ワークショップの PDCA サイクル

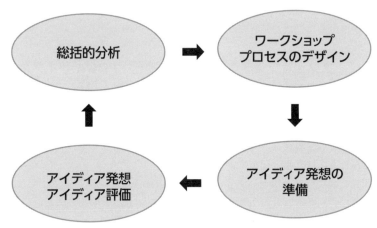

コラム②： 橋の設計とトンネルの設計

　橋の設計とトンネルの設計とは、両極端な設計と言える。橋の設計

は決定論的で、論理的な思考と解析に基づいて行われる。トンネルの設計に関わり始めた頃、なんとプリミティブな設計なのかと驚いた。解析などせずに設計するからだ。しかし、少しずつトンネルのことが分かってくるにつれ、実は非常に合理的な設計であることが理解できるようになった。橋の設計とトンネルの設計の違いは、不確実性の大きさの違いに起因している。

　トンネルでは、事前に地質構造や地山の特性を正確に知ることができない（不確実性が大きい）ため、地表踏査などから地質断面図を作成し、トンネルの支保を決定する。この時点で誰もこの通りになるとは思っていない。掘削を開始し、計測しながら修正設計を行い、工事を進めてゆく。すなわち、モニタリングと修正設計を前提にしているのがトンネルの設計法の本質だ。

　イノベーション・ワークショップのプロセスの設計は、橋の設計とトンネルの設計のどちらに近いのだろうか。ワークショップのアイディア創出までの前半は橋の設計に近く、その後の後半はトンネルの設計に近い。

　目的の分析、手段の分析、それらの結果に基づくメンバー各自のアイディア発想までは、不確実性は少なく、デザインされたプロセス通りに進めることが妥当だ。その後は、アイディアの評価、選択を行うが、メンバー全員が納得できるアイディアがなく、再試行を行うことが一般的だ。どのように再試行を行うべきかは状況に依存し、様々だ。不確実性が大きく、あらかじめプロセスを定めておくことができないという意味で、トンネルの設計と類似している。

　橋やトンネルの設計と、ワークショップ・プロセスのデザインの構造的類似性は、不確実性の大きさに応じた設計のあり方にある。トンネルの場合、モニタリングの結果に応じてどのように修正設計を行うかは経験的に決まっている。アイディア創出における総括的分析は、トンネルにおけるモニタリングと修正設計に対応していると考えられる。

(3.2) アイディア創出ワークショップのプロセス

　これまでアイディア創出ワークショップのプロセス設計のための基本的概念を見てきた。それらを踏まえて、**図 3-1**のプロセス標準モデルに従い設計されるワ

ークショップの各ステップの具体的な内容を説明する。

（1）事前プロセス

　アイディア発想における思考の質を高めるためには、どのような状態でアイディア発想を迎えるかが重要である。アイディア創出ワークショップのテーマに関わる情報や知識は、参加者の大脳新皮質に蓄積されているものもあろうが、ワークショップの一般的な状況においては、参加者はテーマに関する専門家ではない。たとえ、そのテーマに関連して何らかの経験や学習があったとしても、かなり昔の長期記憶をワークショップで活用するためには、事前プロセスの中で、記憶を呼び起こしておくことが有効である。

　事前プロセスにおいて実施される活動は以下のように整理できる。

（1）　チームビルディング、マインドセット形成
（2）　目的に関する情報・知識・理解
（3）　手段に関する情報・知識・理解
（4）　創造的思考の準備

　アイディア創出ワークショップにおいて、グループワークは中心的な作業様式となることが多い。グループワークが有効に機能するためには、グループメンバーの気持ち、心の持ちようが重要であり、ワークショップの最初に行われることが多いチームビルディングは、チームの雰囲気やチームメンバー間の信頼、仲間意識をつくり上げるために重要な役割を果たす。

　アイディア創出ワークショップの目的の一つは、参加者が新しいアイディアを生み出すことができるという自信を持てるようにすることにある。新しい「もの」や「こと」に対するネガティブなイメージを拭い去り、新しい提案を行っても笑われない、否定されないという安心感を持つこと、すなわち心理的安全性が大切である。マインドセットの形成は、既成概念の枠を取り去り、新しい提案をしやすい環境を整えることによって達成できる。チームビルディングのための活動が適切なマインドセットの形成に役立つことも多い。

　目的に関する情報・知識・理解に関わる活動は、人びとの生活や価値観を洞察することによって生み出される人間中心イノベーションにとって本質的であり、その活動がワークショップの中心部分となることがある。どのように情報・知識を収集し、それらをどのように処理し、新しい理解につなげるかは大きな課題であり、その方法論の構築はイノベーション・ワークショップの重要課題であると言える。

例えば社会課題を解決する社会的企業（Social Enterprise）をテーマとしたワークショップでは、社会課題に関する情報・知識の収集と理解のために、社会課題のリストアップや、各課題に関する調査が行われる。実際の現場に赴き、インタビューや観察を行うフィールド調査が有効な場合も多い。

手段に関する情報・知識・理解は、i.school 以外のワークショップではフォーカスがされることが少ない。i.school のワークショップでは、特にこの部分にフォーカスを当てている。例えば、革新的な政策を立案する行政官を対象としたワークショップでは、手段、すなわち政策に関する情報・知識・理解として、世界の先駆的な政策・施策の事例集の分析を行っている。

創造的思考の準備は、アイディア発想の直前に、アブダクションに適した思考状態となるように工夫された活動である。例えば、RCA が行ったワークショップでは、連想ゲームをアイディア出しの直前に行っている。まず各グループにロール紙が渡される。グループのテーマを書いた後、最初の人はそのテーマから連想される言葉を書き、紙を折って、その前に書かれていた内容を隠す。次の人は前の人が書いた言葉だけを見て、そこから連想される言葉を書く。これを何回か繰り返した後に、言葉ではなく連想されるイメージを絵として描く。次の人は前の人が描いた絵から連想されるイメージを描く。これもまた何回か繰り返してから、ロール紙を開き、一連の言葉と絵を眺めて話し合う。これがＲＣＡが準備したウォーミングアップだ。アイディア発想、アブダクションの前に、連想、論理的・言語的ではない直感的思考、イメージ想起のトレーニングを行ったものと理解できる。

（2）アイディア発想

事前プロセスの目的分析、手段分析のステップに続いて、アイディア発想のステップに入る。アイディア発想は最も重要なステップである。

アイディア発想においては、経験的に、①個人ワークにすること、②目的と手段をある程度一緒に考えること、③生み出されるアイディアに関連した状況を心的イメージとして思い描くこと、④自分に対する問いを明確化させること、が有効であることが分かっている。

① 個人ワークにするのはなぜか。それまでのグループワークとは一線を画し、他者との会話を禁じて、個人の思考に集中させるとよい。会話をしたり文章を読んだりする際には、かつて学習した知識やエピソードを元にした長期記憶の検索を進めながら単語や文を理解している。認知活動の中核をなす言語活動には、ワーキングメモリー（記憶の一種で高次の認知活動に使われる）が大きな役割を果たしており、ワーキングメモリーがうまく働か

なければ、会話も読解も成立しないことが知られている。アブダクションにおいてもワーキングメモリーが大きな役割を果たしているため、個人ワークでアイディア発想に専念し、ワーキングメモリーをアイディア発想のために活用することが有効であると考えられる。

② 目的と手段をある程度一緒に考えるとはどういうことか。ワークショップの課題は新しい手段を提案することであるが、その手段が達成する目的も自ら設定することが求められる。例えば、社会課題の解決を達成する社会的企業（Social Enterprise）を提案するというテーマであれば、社会課題の解決が目的であり、社会的企業がそのための手段である。まず解決すべき社会課題を特定し、次にその社会課題を解決する社会的企業を考えるという手順で進めるのが適当のように思われるが、社会課題と社会的企業を同時に考える方がアイディアを思いつきやすい。まず社会課題を考えるように設定しても、先に社会的企業を思いついてしまう傾向がある。その方が斬新な社会課題が思いつく場合も多い。そのような経験を踏まええて、目的と手段をある程度一緒に考えることを勧めている。

③ 生み出されるアイディアに関連した状況を心的イメージとして思い描いているときに、アイディアが発想されることが多い。言語に頼るよりは、言語化せず、状況を思い描くことがアイディアの発想に適している。考え出そうとしている手段が適用される局面を思い描き、自分をその場に置いてみると、アイディアが自然と湧き上がってくる。

④ 自分に対する問いを明確化することは、何を考えようとしているかを見失うことを防いでくれる。人の脳は、あたかも与えられた問いに対して答えを返すようにできているかのようであり、問いを与えることによって思考が開始され、問いに対する答えを探す作業が言語化されないまま進行する。したがって、問いによって思考を制御するために、問いを明確化することが有効である。

（3）アイディア評価

アイディア発想の次のステップがアイディア評価である。前述の通り、アイディア発想は個人ワークで行う。このステップでは、各チームのメンバーが発想したアイディアを共有し、評価のコメントを出し合うグループワークを行う。他のメンバーのアイディアや、交わされるコメントが新たなアイディアの発想につながることも多い。

アイディア評価は APISNOTE のワークシートを用いて行う。**図 3-7** のように、実際に参加者が用いるワークシートにサンプルのノートを準備し、このワークシ

ートを用いて行う作業リストを枠で囲って示している。左側（表側）に評価する
アイディアのノートを縦に並べる。表頭には評価基準のノートを横に並べる。評
価基準の数は経験的に３つ程度が適当である。評価基準の例を準備し、最初に評
価基準に関する議論をチームで行うことが有効である。例えば、新規性、有効性、
実行可能性が一般的なアイディアの評価基準であるが、ワークショップのテーマ
に応じてもう少し具体的な評価基準を設定する方がよい。新規性という評価基準
は抽象的であり、人によって新規性の捉え方はまちまちである。評価基準を最初
に議論することは、チームメンバーがどのようなことを大切だと考えているかを
知る上で重要ではあるが、議論が収束しないことも多い。この後に各アイディア
に対して評価コメントを出し合うことが重要なので、評価基準に関する議論は例
えば時間を決めるなどして切り上げるのが適当である。

　アイディア発想で発想されたアイディアの数は膨大であり、全てを評価するこ
とは時間的に難しい。評価基準の議論を踏まえて、アイディア発想のワークシー
トにおいて、各メンバーのアイディアの中からベストアイディアを自ら選び、色
を例えば薄い赤から濃い赤に変え、アイディア評価のワークシートにコピーして、
左側に縦に並べる。時間的制約から各自１つだけしか選べないことが多いが、こ
の選択で有望なアイディアをとりこぼしてしまう可能性がある。２つ選ぶことが
できる場合は、例えば優れたアイディアと飛び抜けたアイディアを１つずつ選ぶ
よう指示するのも一つの方法である。

　表側が準備できたら、順にアイディアの説明を行い、評価基準を参考にアイ
ディアに対するコメントをノートに記入しながら議論する。アイディアの優れた点
に関する（ポジティブな）コメントを白のノートに、アイディアの改善に資する
（ネガティブな）コメントをグレーのノートに記入し、そのアイディアの右側、
該当する評価基準のノートの下に配置する。アイディアの説明やコメントを聞い
て追加のアイディアが発想されることも多いので、評価基準のノートの左側に追
加アイディアの欄を設けておくのも一案である。

　アイディアを出し合うとき、一般的にはブレインストーミングという方法が知
られている。これはアメリカの広告会社の幹部のアレックス．F. オズボーンによ
って考案された会議方式の一つで、集団でアイディアを出し合うことによって相
互交錯の連鎖反応や発想の誘発を期待する技法である。集団思考、集団発想法、
課題抽出ともいう。ブレインストーミングでは、①判断・結論を出さない（結論
厳禁）、②粗野な考えを歓迎する（自由奔放）、③量を重視する（質より量）、④
アイディアを結合し発展させる（結合改善）という４つの原則を守ることとされ
ている。

　しかし、i.school ではブレインストーミングは行わない。個人ワークとグルー

プワークを切り分け、アイディア発想は個人ワークで、アイディア評価はグループワークで行う。アイディア発想は個人ワークなので、アイディア発想の最中にネガティブなコメントはなされない。アイディア評価では、ネガティブなコメントは個人攻撃ではなく、アイディアの質を向上するための貴重な情報であることを参加者に伝え、奨励する。相手の感情に気を配りすぎ、無難なコメントしかしなければ、アイディアの質は高まらないし、参加者の成長にもつながらない。

アイディアの共有と評価が一巡すると、**図 3-8** のようにアイディア評価マトリクスが完成する。評価マトリクスを俯瞰すれば、チームの中でどのようなアイディアが生まれ、どのような評価がなされたのかを概観することができる。この時点で、再度評価基準に関する議論や、アイディアの全体的共通性、傾向、パターンの存在、相違性に関する議論を行うとよい。

評価マトリクスに取り上げられなかったアイディアの中に、評価に値するものがなかったかを議論することも有効である。評価が一巡した段階で、最初の各自の評価を見直す必要に気づくかもしれない。アイディア発想のワークシートに戻り、グループ全員で宝探しをするのも一案である。

第 1 章 1.6 で個人ワークとグループワークの関係を論じたが、グループの多様性が価値を生み出せるかどうかは、合意形成や集団的意思決定を適切に行うことができるかどうかにかかっている。アイディアの評価においては、論理と感情のせめぎ合いが生じるのが一般的である。自分のアイディアに対する愛着や自分の価値観や考え方を大切に思えば、感情的な要素を排除することは難しい。

評価マトリクスはこのようなグループワークの難しさを克服し、多様性の価値に気づき、メンバーの価値観の相違を理解して、適切なチームの合意を形成するための仕組みである。声の小さいメンバーでもそのアイディアを可視化し、拾い上げることが可能だ。声が大きいメンバーの発言も、冷静に判断することができる。自分の考え方がチームの中でどのような位置づけにあるのかを客観視し、他のメンバーが何を大切だと考えているかを理解できるようになる。

評価マトリクスはグループメンバーのアイディアを評価する能力を高める手段でもある。優れたアイディアを発想する能力は、アイディアを評価する能力に大きく依存している。他のメンバーのコメントを聞き、アイディアに対する評価の仕方を学ぶ機会となる。

『個人と集団の意思決定』（上田泰著、文眞堂、1997年）によれば、集団的意思決定は必ずしも個人の意思決定に常に優越するわけでなく、「実際の意思決定集団の能力＝集団構成員の集合能力＋相互作用ゲイン－相互作用ロス」である。意思決定における選択肢の発想は、イノベーションのアイディア発想と相通じるものである。意見の対立に端を発してグループが崩壊するなどといった相互作用

ロスの可能性はよく指摘されている。

　相互作用のゲインとして、観察学習、社会性の促進による構成員の学習能力の向上と、新規アイディアの生成、アイディア同士の結合につながる認知的刺激が挙げられる。異なる世界観を持つ構成員同士がコミュニケーションを交わすことにより一種の危機意識が芽生え、その危機意識の解消メカニズムとして、世界観の止揚につながる情報活動を継続させることが可能になる。個人としては自分の認知が受け入れられないことに対する危機意識、集団の一員としては集団が分裂することに対する危機意識が働く。危機意識は集団構成員に情報の探索や再解釈の努力を継続させる原動力となる。この止揚メカニズムにこそグループワークの意義がある。

　『算数・数学教育における思考指導の方法』（清水美憲著、東洋館出版社、2008年）では、ペアによる問題解決という設定がメタ思考（物事を俯瞰的に考えていく思考法）の生起に対して持つ意味、ペアによる問題解決過程に見られる対話の役割が論じられている。グループワークにおけるコミュニケーションは思考に関する思考であるメタ思考を促進し、そのことがワークショップ・プロセスをデザインする能力を身につけるという教育効果につながることを示唆している。

　トロント大学ロットマン・スクール・オブ・マネジメント教授であり元学長の、Thinkers 50（世界で最も影響力のある経営思想家）に選ばれたロジャー・マーティンは『インテグレーティブ・シンキング』（日本経済新聞出版、2009年）の中で、矛盾や対立から創造的な解決策を生み出すこと、すなわち「AかBか」といった安易な二者択一をせず、相反する2つの考えを並立、対比させ、両者の良い点を取り入れつつ斬新な答えを見つけ出すことの重要性を唱えている。そのような統合思考もこのフェーズで追求する。

（4）総括的分析

　総括的分析は、目的分析から手段分析、アイディア発想、アイディア評価までのプロセスを振り返り、チームワークの状況を把握し、次のステップの方針を決める重要なプロセスである。メタ認知的思考を促すための仕組みであり、同時に外部からの情報を得て、自分たちの判断の妥当性を検証する機会でもある。

　APISNOTE の総括的分析というワークシートを用いる（**図 3-9、10**）。①納得のいくアイディアはあるか、②どこに問題があったのか、③どのように再試行を行えばよいかという3つの論点を黄のノートに記入し縦に並べる。グループの議論を左側に白とグレーで並べ、チームの結論を右側の緑のノートに記入する。論点②については、論点を明確化することが重要なので、左側に青のノートで論点を挙げ、各論点に関する議論を論点のノートの下に並べる。自分たちで論点を明

図 3-7

アイディア評価マトリクス

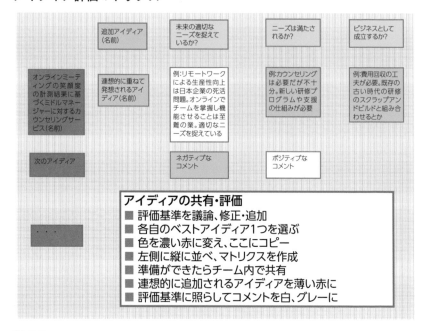

図 3-8

アイディア評価マトリクス：評価完了状態

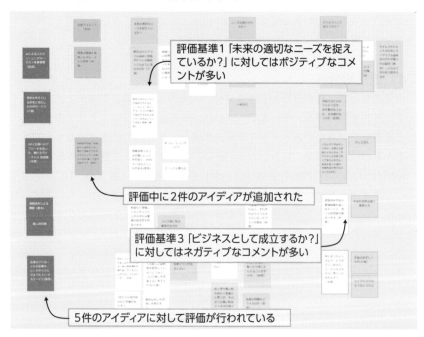

図 3-9

総括的分析

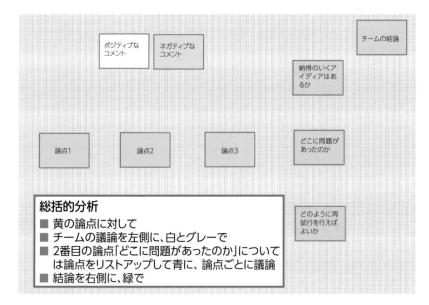

図 3-10

総括的分析：分析完了状態

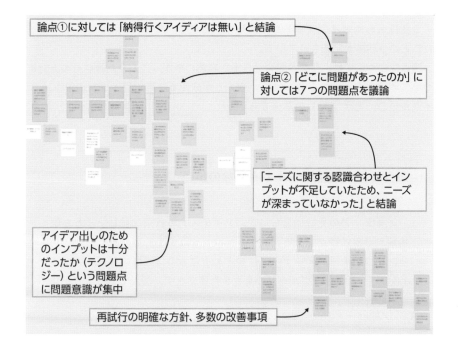

確にすることが望ましいが、場合によってはサンプルのノートをファシリテーターが準備する。

　大切なことは総括的分析の結果の可視化である。ひと目で、どのような議論がなされ、どのような結論に至ったのかを把握できるようにすることが重要である。ファシリテーターなど、外部から適切なコメント、アドバイスをもらうためには、このワークシートを一覧しただけで適切なフィードバックが行えるようにしなくてはならない。対話による議論になりがちであるが、ノートにエッセンスを記載し、議論を可視化することを習慣づける必要がある。何度も PDCA サイクルを回す場合、過去のサイクルを振り返る必要があるが、この総括的分析のワークシートを見返せば、そのサイクルにどのような問題があり、どのような方針で次のサイクルに入っていったのかを確認できる。

　最初の論点「①納得のいくアイディアはあるか」によって、再試行する必要があるのか、アイディアの精緻化に移るかを判断する。アイディアを 1 つに絞りきれなくても、有望なアイディアがいくつかあるのであれば、アイディアの精緻化のステップでアイディアを絞り込むことができるし、さらに新しいアイディアが発想されることもある。

　図 3-10 はあるワークショップにおける総括的分析の結果である。論点②について 7 つの論点を挙げ、それぞれについてポジティブなコメント（白のノート）、ネガティブなコメント（グレーのノート）が加えられている。6 番目の論点（問題点）についてグレーのノートが多数あり、この問題点にチームメンバーの問題意識が集中していたことが分かる。右側の線のノートに結論として「ニーズに関する認識合わせとインプットが不足していたため、ニーズが深まっていなかった」という結論が記載されている。

　論点③については、多数の緑のノートが右側に挙がっており、再試行の方針について明確な方針がまとめられていることが分かる。再試行とは次の PDCA サイクルの D、実行（Do）の部分である。

コラム③：なぜ評価マトリクスなのか

　アイディアの発散は易しいが、アイディアの収束は難しい。人の価値観、好みは様々である。チームメンバーによる多数のアイディアから、1 つのチームアイディアにまとめ上げるのは至難の業だ。第 1 章1.6 で述べたようにグループの良さを発揮できず、個人でやった方が効

率的だと思ってしまうのも無理はない。合意が形成できず、チームが崩壊してしまうこともあるだろう。

　投票はアイディアを選択する一般的な方法だ。付箋に書かれた多数のアイディアに各自何枚かの投票用付箋を貼っていく、というのはよくある光景である。多数の支持を得たアイディアをチームのアイディアとして選べば、異論が出て紛糾することは避けられるだろう。しかし、それで良いアイディアが選べるのだろうか。アイディアを実現させようとしたとき、チームメンバーは協力し続けてくれるだろうか。

　そもそもイノベーションのアイディアは、当初大多数の人から反対されるのが常である。反対されるアイディアであるからこそ、イノベーションにつながる可能性があるのだ。投票はイノベーションを生むアイディアを抹殺する最も効果的な方法なのである。

　イノベーションの世界ではカリスマとなっている濱口秀司氏とは、i.school がスタートした当初からのお付き合いがある。毎年、濱口氏に提供して頂いているワークショップは、i.school 生にも大人気である。2010 年、最初にお目にかかった折、投票に関する濱口氏の考え方をうかがった。投票用の付箋紙にそのアイディアに投票する理由を書くという方法だ。これが評価マトリクスを用いるようになった原点である。

　各参加者は、他者の意見を聞く前に、自分が良いと思うアイディアを選ぶべきである。それがイノベーションを生むアイディアかもしれない。それが埋没しないように、たとえ気が弱く、自己主張を得意としていなくても、誰かの目に触れ、イノベーションを生むアイディアであれば取り上げてもらえる仕掛けが必要である。チームメンバー以外のファシリテーターや外部者、他のチームメンバーの目に触れられるようにしておくことは重要だ。

　そのアイディアが良いと思う理由を考えることは、評価能力を高める良いトレーニングとなる。他者が何を大切にしているのか、何を良いと思うのかを知ることも重要だ。人の価値観の多様性を知り、他者が自分とは違うからこそ自分にはできないことができること、自分が他者とは違うから他者にはできないことができること、評価がそのような多様性の価値に気づく機会になるべきだ。そんなことを考えて、評価マトリクスにたどり着いた。

図 3-11
再試行の設計例

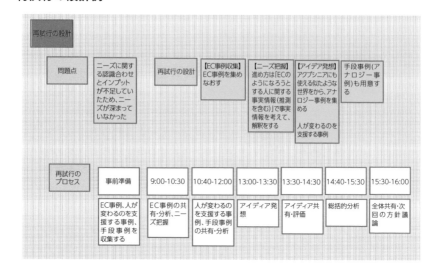

（5）再試行の設計

　総括的分析による再試行の方針に従い、再試行の設計を行い、設計内容をワークシートに明示する。APISNOTE に情報が集約されていることが望ましい。再試行の設計で最も重要なのは、再試行プロセスのタイムラインである。限られた時間の中で最適な再試行を行うために、再試行の方針を具体化し、必要なタスクに十分な時間を取り、不必要なタスクは行わない、あるいは短時間で確認作業のみ行う等の工夫が必要である。

　図 3-11 に再試行の設計例を示す。総括的分析の結論を、問題点、再試行の方針にまとめ、再試行のプロセスをタイムラインとして白のノートで記載している。このワークシートを確認しながら再試行を行えば、議論の迷走を避け、総括的分析の結果を活かした再試行を実行できる。

（6）アイディアの精緻化

　総括的分析の論点①で納得のいくアイディアがあると結論できたら、アイディアの精緻化に移る。APISNOTE のアイディア精緻化のワークシートを用いて、アイディアの検討事項を詰めていく。

　検討すべき事項を論点として黄のノートに記入し、横に並べる。論点が網羅されていることが重要である。論点が出し尽くされた段階で、各論点の重要性を議論する。限られた時間で全ての論点をカバーすることは難しいので、優先順位を

図 3-12

アイディアの精緻化

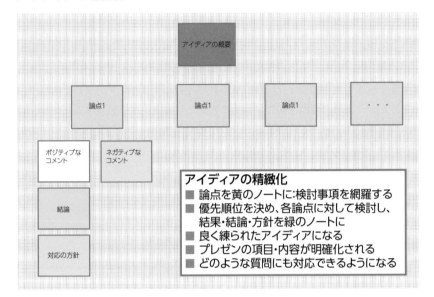

設けることが大切である。

　優先順位の高い論点から議論し、意見を白、グレーのノートに記入し、結論を緑、対応方針を青のノートにまとめ、次の論点に移る。この作業により、アイディアはよく練られたものになっていき、最終プレゼンテーションで、どのような質問に対しても的確に回答できるようになる。

　論点の優先順位がついたところで、ファシリテーターなどの外部からのフィードバックを受けることが望ましい。異なる視点、チームメンバーは考えていなかった観点の提示が得られることも多い。他のチームメンバーからのフィードバックも有効だ。時間的余裕があれば、論点と優先順位を全体で発表し、意見交換するという方法もある。

(3.3) ワークショップの成否を左右する要素

　これまで、アイディア創出ワークショップのプロセスを設計するために必要な基本的概念や各ステップにおける内容を見てきた。多数の要素が関わっているが、

本節ではワークショップの成否を左右する要素を論ずる。生み出されるアイディアの質を決定する事項は数多くあるが、主要な事項は、①事前準備、②ワークショップ前半のワークショップ・プロセス、③ワークショップ後半のPDCAサイクルにまとめられる（**図3-13、14**）。

①事前準備には、テーマの設定、ワークショップ・プロセスの設計、事例等の準備が含まれる。テーマとはワークショップで発想する手段が果たす目的であり、第1章で説明した破壊的イノベーションにつながるアイディアの発想には、テーマの設定が決定的な役割を果たす。そのためには、テーマを設定するときに、生み出されるアイディアが既存顧客、既存市場を対象とするのではなく、新しい顧客、新しい市場を想定したものでなくてはならない。

2020年10〜12月に行った i.school のワークショップでは、「超高齢社会のイノベーション：スーパー・アクティブシニアを増やす事業」をテーマとした。ス

図 3-13
ワークショップ・プロセスの前半と後半

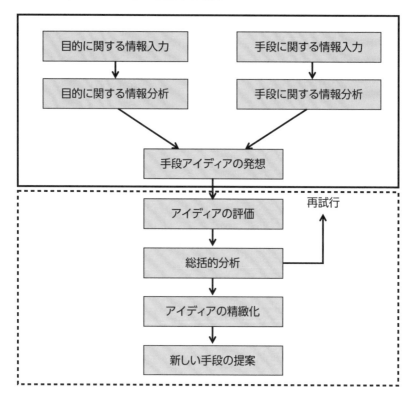

ーパー・アクティブシニアとは、例えば若い人から尊敬されるような自己実現を追求する高齢者を指す。アクティブシニアを増やす、幸せなシニアを増やすという目的が、超高齢社会を考えるときの当たり前である。それを知った上で、あえて普通は考えないスーパー・アクティブシニアに着目してテーマを設定している。バイアス（思い込み、当たり前だと思っていること）を崩すことによって破壊的イノベーションを生み出すことができる。

　ワークショップのプロセスの設計については、本章3.1、3.2で説明した通りである。具体的な設計方法と設計事例を第4章で解説する。

図 3-14
ワークショップの成否を左右する要素

アイディア創出ワークショップが集団による情報処理として理解できることは、本章3.1で説明した。入力情報には、各参加者の脳に蓄積された情報、ワークショップ中にファシリテーター等から与えられる情報、事例等のワークショップで活用するために与えられる情報がある。参加者の思考、グループワーク等による情報処理を経て、提案されるアイディアが出力される。事例等のワークショップで活用するために与えられる情報は、設計されるワークショップ・プロセスと表裏一体の関係にあるが、発想されるアイディアの質を決定づけるほど重要である。事例の収集方法については第5章で解説する。

②ワークショップ前半のワークショップ・プロセスでは、目的分析、手段分析を行い、個人ワーク、グループワークを通して情報処理が行われ、各参加者の理解が深まりアイディア発想の準備が整う。アイディア発想は個人ワークによって行われる。そこで発想されたアイディアの質が高いことは、最終的にチームが提案するアイディアの質を担保する前提条件である。

③ワークショップ後半のPDCAサイクルでは、本章3.1で説明した通り、PDCAサイクルを回し、総括的分析、再試行の設計、再アイディア発想、アイディアの選択・精緻化を経て、チームのアイディアが提案される。第1章で個人によるアイディア発想とチームによるアイディア発想の違いを論じたが、チームの多様性を活かして、個人では生み出すことができない質の高いアイディアを生み出すために、③ワークショップ後半のPDCAサイクルが決定的に重要である。これについては第6章で解説する。

③ワークショップ後半のPDCAサイクルがうまくいくためには、チームワークが重要である。評価マトリクスで各参加者が発想したアイディアを評価するとき、質の高いアイディアがあっても、それが選ばれないことはよくある。各参加者が持っているそれぞれの評価基準は多様であり、その評価基準の多様性、違いを調整することは容易ではない。評価基準は論理的な思考のみで扱うことが難しく、情動的な側面と切り離すことができない。

アイディア創出ワークショップは、参加者のマインドセットを変化させ、チームワークの質を高めていく活動とも理解できる。ワークショップを進めていく中で、メンバー同士の信頼関係が構築され、多様性の価値に対する理解が醸成され、チームとして質の高いアイディアを生み出すという目標が共有される点に注目しなくてはならない。これについても第6章で取り上げる。

④ ワークショップの設計方法

　第3章ではアイディア創出ワークショップを設計するための概念について述べた。第4章では具体的なワークショップの設計方法を説明する。ワークショップを設計するということは、具体的には設計項目の内容、タイムライン、ワークシート、投影資料を準備することを意味する。

　設計項目は、テーマ、ワークショップで生み出す手段、手段が果たす目的、ワークショップの参加者、ワークショップの主催者、ワークショップの形態・日数・時間数、新規性を生み出す方法、目的分析の方法、手段分析の方法、事前準備の内容、ワークショップのアウトカムからなる。

　タイムラインはワークショップのプロセスを、各ステップのタイトルに時間情報を加えて表したものである。

　ワークシートはワークショップで用いる APISNOTE のワークシートを指す。サンプルのノートを加え、参加者がどのような作業を行うのかを例示する。

　本書に出てくる投影資料は、ワークショップにおいてファシリテーターが参加者に提示するパワーポイントなどによる資料であり、参加者に対する説明内容をまとめたものである。

(4.1) ワークショップの設計方法

（1）基本設計

　基本設計とは、設計項目の内容を特定することを指す。以下では各設計項目を順に説明する。説明のための例として、「企業と大学の連携による社会課題解決策のデザイン」というテーマを取り上げる。

a) ワークショップのテーマ

　ワークショップのテーマは、ワークショップが対象とする事象、課題、起こそうとするイノベーションの内容を表すものであり、ワークショップの成否を左右する最も重要な項目である。

　テーマの設定は経験的な部分も多く、方法論化することは難しいが、以下のような事項を検討するのが一般的である。

　①イノベーションが必要とされる事柄であり、革新的なアイディアが生み出されることが期待できること。

　②ワークショップの参加者にとって魅力的であること。

　③ワークショップの主催者にとって望ましいアウトカムが期待されること。

　ワークショップ事例のテーマは「企業と大学の連携による社会課題解決策のデザイン」であり、今回は取り上げる社会課題として「昔のニュータウンにおける生活苦」を選んだ。

　なぜ、この社会課題にしたのか。高度成長期に日本全国で開発されたニュータウンは、当初入居した人たちが現在シニア世代となり、そこでの生活に様々な問題点を抱えていると判断したからだ。この社会課題は日本各地で深刻化している問題であり、また、様々な解決努力がなされてきたにもかかわらず解決できていない課題であるため、革新的な解決策が必要とされている。すなわち、①の条件は満たされている。

　d)、e) で後述する通り、参加者は大学教員と企業の社員、大学生からなり、主催者は大学執行部である。これまでの産学連携とは切り口の異なるワークショップであり、大学執行部にとっては新たな産学連携につながるという期待がある。また、参加者にとっても、これまでの研究や業務の成果を新たな分野で活かすことを考える機会になる。したがって、②、③の条件も満足される。

b) ワークショップで生み出す手段

第3章3.1（1）「目的と手段」で述べた通り、商品、サービス、社会システム等の「もの」や「こと」は、全てある目的を果たす手段と捉えることができる。ワークショップで生み出す手段とは、ワークショップのゴールとして設定されるアウトプットのことである。ワークショップ事例で生み出す手段は「昔のニュータウンにおける生活苦の解消策」である。

c）手段が果たす目的

　ワークショップ事例の場合、手段が果たす目的は「昔のニュータウンにおける生活苦の解消」である。ワークショップで生み出す手段が果たす目的は、ワークショップのテーマと同じである。一般的にワークショップで生み出す手段が果たす目的をワークショップのテーマとすると、ワークショップに対する理解が得られやすい。

d）ワークショップの参加者

　ワークショップを設計する上で、誰が参加者であるかは重要である。参加者の興味、関心、参加理由、知識、能力に応じてワークショップを設計する。ワークショップ事例では、大学教員と企業の社員、大学生を参加者とし、アイディア創出ワークショップに参加するのは初めての参加者が多数であると想定している。

e）ワークショップの主催者

　ワークショップを開催する目的はワークショップの主催者によって決まる。ワークショップ事例では、大学の執行部が主催者である。前述の通り、新たな産学連携のあり方を模索する一環として、ワークショップ事例が実施される。

f）ワークショップの形態・日数・時間数

　ワークショップ事例では、新型コロナウイルスの感染リスクに配慮し、大学生の授業、企業からの参加者の通常業務に支障が生じないよう、オンライン・ワークショップとし、土曜日の６時間としている。

g）新規性を生み出す方法

　アイディア創出ワークショップにおいては、生み出されるアイディアの新規性が重要である。アイディアの新規性を生み出す方法をワークショップ・プロセスの設計に組み入れることが必要である。

　第3章3.1（6）「新規性を生み出すアプローチ」で述べた通り、新規性を生み出す方法には、

①未来探索アプローチ

②エスノグラフィックアプローチ

③エクストリームケース（ユーザー）アプローチ

④アナロジー思考アプローチ

⑤ニーズ×シーズ（テクノロジー）アプローチ

⑥バイアスブレイキングアプローチ

などがある。

　ワークショップ事例では、⑤ニーズ×シーズ（テクノロジー）アプローチを採用する。この例におけるニーズは現在のものであるが、もし未来のニーズが対象となるのであれば、①未来探索アプローチや、未来の兆しを捉える③エクストリームケース（ユーザー）アプローチを採用する。本人も気づいていない潜在的なニーズが対象であれば、②エスノグラフィックアプローチを採用する。ニーズに応える有効なサービスや社会システムが他分野で存在する場合は、④アナロジー思考アプローチが有効である。既成概念や社会通念に囚われているために問題解決ができていないような場合には、⑥バイアスブレイキングアプローチが適している。今回は、産学連携を促したり、研究テーマを発掘したりすることを目指しているため、テクノロジーの画期的な活用により問題の解決を図る、⑤ニーズ×シーズ（テクノロジー）アプローチを採用した。

h）目的分析の方法

　目的分析とは、ワークショップで生み出す手段が果たす目的に関する分析のことである。手段が問題解決策の場合は、問題に関する分析が目的分析であり、手段が製品・サービスの場合は、顧客が求める価値を明らかにすることが目的分析にあたる。顧客が何を求めているかを明らかにするために、例えば顧客の生活を観察する場合、エスノグラフィーが目的分析の方法である。

　ワークショップ事例における基本設計の内容を**図 4-1** にまとめておこう。

　ワークショップ事例では、インタビュー結果からニーズ（課題、必要なこと）を抽出する分析を行う。本来、ワークショップの一環としてインタビュー調査を実施することが理想的であるが、時間的な制約もあるため、以下のような過去に行ったインタビュー結果を事前課題として参加者に読んできてもらい、その分析から本質的な問題点、住民のニーズなどを抽出する。

　高度経済成長期になって人口が急増していた A 市は、丘陵地である B 地区に、大規模なモデル・ニュータウンを造った。当初はショッピングセンター、温水プールが併設された市民センターなど、施設が充実した団地として発展したが、スーパーマーケットの大規模化や、モータリゼーションの発達による広い駐車場を

図 4-1

ワークショップ事例「企業と大学の連携による社会課題解決策のデザイン」の基本設計

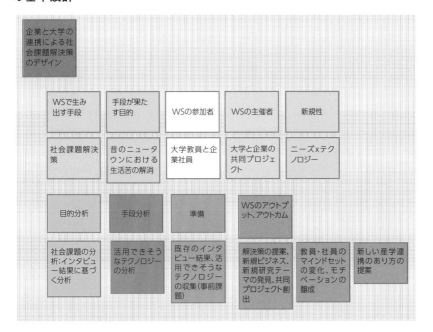

伴ったロードサイド店舗の興隆もあって、駐車場が20台分程度しかない団地の中心商業施設の集客力は低下していった。近年は、少子高齢化や老朽化した市営団地の建て替えが問題になっている。

　丘陵地なので、バス停まで歩くのが大変で、買い物に行ったり、地元の懇親会に参加したりするのも難しくなっている。外出が困難なので、必然的に住民は引きこもりがちとなり、人と話す機会が少なくなり、人と付き合いのなくなった住民も多い。

　以上のインタビュー結果から、本質的な問題点、住民のニーズなどを抽出するというのが、目的分析の方法である。

i) 手段分析の方法

　新しくて有効な手段を発想するためには、手段に関する分析を行うことが重要である。問題解決策が手段の場合、既存の問題解決策がどのように問題を解決しているのかを分析することは、新しくて有効な解決策を発想するのに役立つ。当該分野以外の問題解決策を分析しておけば、当該分野における新しくて有効な解

決策の発想につながることが期待できる。

　製品・サービスが手段の場合、既存のヒット商品・ヒットサービスがどのように顧客に対して価値を提供しているかを分析することは、新しくて有効な製品・サービスの発想につながるであろう。

　アナロジー思考アプローチによってアイディア発想を行う場合、アナロジー事例を分析することが手段分析の方法にあたる。ニーズ×シーズ（テクノロジー）アプローチの場合は、既存のテクノロジーやサービスがどのような機能により、どのような価値を生み出しているのかを分析することが手段分析にあたる。

　i.school のワークショップでは、この手段分析に力点を置いている。これが i.school のワークショップの特長であり、他のワークショップとの違いの一つである。手段に関する知識を持っている専門家がワークショップを行う場合には、この手段分析は不要かもしれない。i.school のワークショップは教育を目標の一つにしており、手段に関する知識を持ち合わせていない参加者でも新しくて有効な手段のアイディアを生み出せるように配慮している。

　ワークショップ事例では、ニーズ×シーズ（テクノロジー）アプローチを採用しており、手段分析としては、ニーズに応えるために活用できるテクノロジーをリストアップし、分析する。収集したテクノロジーが果たす機能を明らかにし、その機能がニーズに応えるためにどのように活用できるかを分析する。

j）事前準備の内容

　事前課題の資料を準備すること、ワークシートに掲載するサンプルのノート、サンプルを準備するためのワークショップの試行等が、必要となる事前準備の内容である。ワークショップ事例では、過去のプロジェクトの一環として、ある昔のニュータウンを訪問し、現地を視察するとともに実施したインタビューの結果を事前課題の資料とした。

k）ワークショップのアウトカム

　アイディア創出ワークショップのアウトプットは革新的で有効な手段のアイディアであるが、アウトカムとして、人材の養成、組織改革なども期待される。どこに重きを置くかはワークショップの主催者の意図による。ワークショップ事例では、新規ビジネス、新規研究テーマの発見、共同プロジェクトの創出、教員・社員のマインドセットの変化、モチベーションの醸成、新しい産学連携のあり方の提案などがアウトカムとして期待されている。

（2）タイムライン

　基本設計で設定した設計項目の内容を踏まえて、ワークショップのプロセスをタイムラインとして表す。

　ワークショップ事例は経験のない参加者を対象とした1日6時間のワークショップであるため、アイディア創出ワークショップを体験し、ワークショップ・プロセスに従うことによってアイディアを生み出せることを理解することを目標とし、後半のPDCAサイクルは回さないこととする。この方針により作成したタイムラインは以下の通り。

事前課題：
・昔のニュータウンにおける生活苦に関する資料を読む
・最先端テクノロジーに関する資料を読む

タイムライン：
　9:00-9:30 イントロダクション
　9:30-10:20 昔のニュータウンにおける生活苦の分析
　10:20-10:30 ブレイク
　10:30-11:20 活用可能なテクノロジーの分析
　11:20-11:35 アイディア発想1
　11:35-11:45 ブレイク
　11:45-12:00 アイディア発想2
　12:00-13:00 ランチブレイク
　13:00-14:00 アイディア共有、評価
　14:00-14:50 アイディア選択、精緻化
　14:50-15:00 ブレイク
　15:00-15:50 アイディア発表
　15:50-16:00 総括

　この例では、アイディア発想15分、ブレイク10分、アイディア発想15分と、アイディア発想を2回に分けている。個人ワークでアイディア発想に専念すると、集中力は15分以上続かない。しかし時間的には15分では足りないため、このように休憩を挟んでいる。また、第2章2.2「創造のプロセス」で説明した孵化のステップを参考にして、アイディア発想を2回に分け、間にブレイクをとっている。アイディア発想1で集中的にアイディア発想に専念し、ブレイクでそこから離れ、アイディア発想2に戻り、アイディア発想に再度臨むことによって、連続的に行うよりも高い効果があることを期待している。

図 4-2

ワークシート「ニーズ、テクノロジー、アイディア発想」

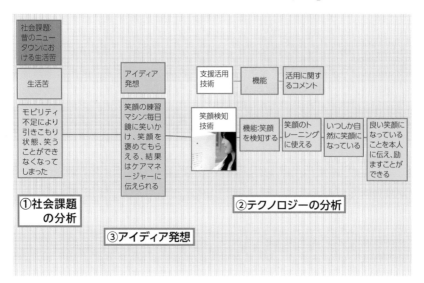

図 4-3

目的分析（社会課題の分析）

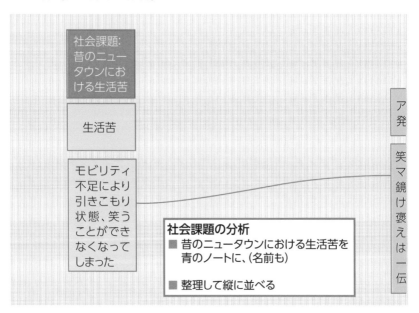

図 4-4

笑顔検知技術に関する提示情報

笑顔検知技術

■概要
顔の画像データを解析し、笑顔を検出する技術

■応用事例
−笑わないと開かない冷蔵庫「ハピネスカウンター」（ソニー, 東大暦本研）

−笑顔を見つけて、自動撮影「スマイルシャッター」（ソニー）

−ハピネスカウンターによるi.school ワークショップの笑顔解析とチームワーク分析

参考URL、写真の出典
https://lab.rekimoto.org/projects/happinesscounter/
https://www.sony.jp/CorporateCruise/Press/200709/07-0904/

図 4-5

手段分析（テクノロジーの分析）

（3）ワークシート、投影資料

　第 1 章 1.7「電子付箋 WEB ツール、APISNOTE」で述べた通り、i.school では電子付箋 WEB ツール、APISNOTE を用いてワークショップを行う。用いる APISNOTE のワークシートを準備し、サンプルのノートを挙げておく。そのワークシートの画像を用いて投影資料を準備するのが効率的である。以下ではワークショップ事例の投影資料を紹介する。

　まず、目的分析（社会課題の分析）、手段分析（テクノロジーの分析）、アイディア発想を行うワークシート「ニーズ、テクノロジー、アイディア発想」をチームごとに作成し、その全体像を示して、作業プロセスを説明する（図 4-2）。このワークシートを用いて、まず左側で目的分析である社会課題の分析を行い、次に右側で手段分析であるテクノロジーの分析を行い、最後に左と右を掛け合わせて、中央部分でアイディア発想を行う。

　次に、目的分析（社会課題の分析）の説明を行う。図 4-3 に示す通り、サンプルとして、「モビリティ不足により引きこもり状態、笑うことができなくなってしまった」という生活苦を挙げ（青のノート）、ワークショップでは参加者が同様に他の生活苦を青のノートに挙げて縦に並べていく。

　次に手段分析（テクノロジーの分析）の説明を行う。

　ワークショップの設計では、サンプル事例を準備し、分析の方法を例示することが有効である。ワークショップ事例では「笑顔検知技術」を取り上げた。顔の画像を解析して、笑顔を検出する技術だ。笑顔検知技術をサンプル事例に取り上げた理由は、生活苦を解消するために活用できるとは思ってもみなかった技術の活用事例を例示できるからだ。技術がもともと目指していた活用方法とは異なる使い道を思いつくことができれば、新規性の高いアイディアにつながる。そのような可能性を示すことはサンプル事例の役割である。図 4-4 は笑顔検知技術に関する情報を提供するための投影資料である。

　図 4-5 に示す通り、分析の例として、「笑顔を検知する」という機能を黄のノートに、「人々の笑顔のトレーニングに使える」「いつしか自然に笑顔になっている」「いい笑顔になっていることを本人に伝え励ますことができる」という活用に関するコメントを緑のノートに挙げた。参加者は活用できる技術をリストアップし、サンプルと同様に分析する。

　最後に、左側のニーズと右側のテクノロジーを掛け合わせて、アイディア発想を行う。i.school では、アイディア発想は個人ワークで行う。人間の認知能力には限りがあるので、人と会話しながらだと、認知能力の多くが会話に使われてしまうため、個人ワークでアイディア発想に専念する。

　アイディア発想のやり方を示すため、アイディアの例を示すことが有効である。

例として、「笑顔の練習マシン：毎日鏡に笑いかけ、笑顔を褒めてもらえる、結果はケアマネージャーに伝えられる」というアイディアを示した。関連するニーズとテクノロジーにリンクを張っておく（図4-6）。

参加者はアイディアを発想し、各々、薄い赤のノートでワークシートに書き出していく。自分の名前をカッコ書きで書き加える。

ここでは、アイディア発想までの投影資料を説明したが、この後にはアイディア評価、総括的分析、アイディアの精緻化等のワークショップ後半部分が続く。これらについては、第6章で詳しく説明する。

本事例ではニーズ×シーズ（テクノロジー）アプローチによるワークショップの例を紹介したが、第3章の新規性を生み出すアプローチで紹介した、②のエスノグラフィックアプローチにより、フィールドワークでニーズを抽出することもできる。実際にニュータウンに行って観察したり、住民にインタビューしたりして、ニーズをより深く掘り下げる。また、今ではなく、未来の社会の話について考えるならば、①の未来探索アプローチをとってもよい。現在における未来の兆しを見つけて分析したり、③のエクストリームケース（ユーザー）アプローチを使ったりすることにより、未来社会のニーズを洗い出すこともできる。今回は、現在既に顕在化しているニーズを対象とするため、例に示したようなワークショップとした。

次の節では、エクストリームケースアプローチ、バイアスブレイキングアプローチ、アナロジー思考アプローチを使ったワークショップの設計事例を紹介する。

4.2 設計例

第3章3.1（6）「新規性を生み出すアプローチ」では、6つのアプローチを紹介した。前節ではニーズ×シーズ（テクノロジー）アプローチによるワークショップを例に、ワークショップの設計方法を説明した。ここでは、4つのワークショップを例に取り上げ、エクストリームケース（ユーザー）アプローチ、バイアスブレイキングアプローチ、未来探索アプローチ、アナロジー思考アプローチの具体例を示す。

（1）エクストリームケースアプローチ：「超高齢社会におけるニーズ把握」

このワークショップでは、未来社会におけるニーズを把握するために、エクス

図 4-6

アイディア発想

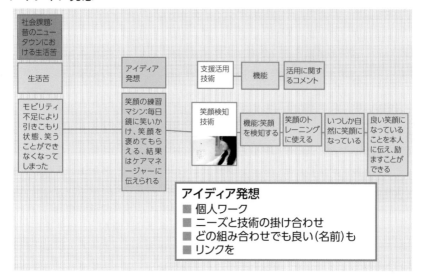

トリームケース（ユーザー）アプローチが採用されている。エクストリーム（ユーザー）ケースアプローチの理解にフォーカスを当てるため、目的分析までを対象としたワークショップの設計事例を紹介する。

a）ワークショップの基本設計

　「超高齢社会におけるニーズ把握」という幅広く聞こえるテーマになっているが、ワークショップでは認知障害が始まった人や認知症を抱える人が社会に受け入れられ、健全に生活するために必要な事柄を把握することを目指す。したがってこのワークショップでは手段のアイディアは発想しないが、手段のアイディアまで扱うワークショップとするならば、ワークショップで生み出す手段は、認知症の人が社会に受け入れられ、健全に生活するための支援策となる。その手段が果たす目的は、認知症の人が社会に受け入れられ、健全に生活することである。

　ワークショップの参加者はアイディア創出ワークショップに初めて参加する大学教員と企業の社員、大学生を想定する。ワークショップの主催者は大学の執行部である。オンライン・ワークショップ、夜間3時間で実施する。

　新規性を生み出す方法は、エクストリームケース（ユーザー）アプローチ、目的分析の方法はエクストリームケースの執筆した著書を読み、執筆者に関する事実情報からニーズを抽出する。

図 4-7
深刻化する社会課題（『未来の年表』より）

「未来の年表」

2017 年 「おばあちゃん大国」に変化
2018 年 国立大学が倒産の危機へ
2019 年 IT 技術者が不足し始め、技術大国の地位揺らぐ
2020 年 女性の 2 人に 1 人が 50 歳以上に
2021 年 介護離職が大量発生する
2022 年 「ひとり暮らし社会」が本格化する
2023 年 企業の人件費がピークを迎え、経営を苦しめる
2024 年 3 人に 1 人が 65 歳以上の「超・高齢者大国」へ
2025 年 ついに東京都も人口減少へ
2026 年 認知症患者が 700 万人規模に
2027 年 輸血用血液が不足する
2030 年 百貨店も銀行も老人ホームも地方から消える
2033 年 全国の住宅の 3 戸に 1 戸が空き家になる
2035 年 「未婚大国」が誕生する
2039 年 深刻な火葬場不足に陥る
2040 年 自治体の半数が消滅の危機に
2042 年 高齢者人口が約 4000 万人とピークに
2045 年 東京都民の 3 人に 1 人が高齢者に
2050 年 世界的な食料争奪戦に巻き込まれる
2065 年〜外国人が無人の国土を占拠する

図 4-8
男性の加齢に伴う自立度の低下パターン（秋山弘子「長寿時代の科学と社会の高層」、『科学』、岩波書店、2010 年）

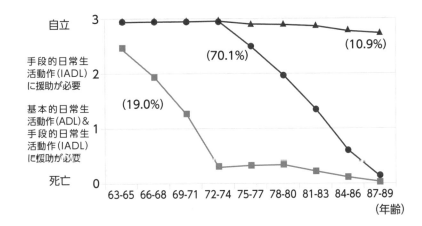

事前準備としては、エクストリームケース（事例）の探索、選定、事前課題の設定、分析のサンプルの準備が必要となる。ワークショップのアウトカムとしては、参加者の超高齢社会に対する理解の深化と意識の変化、イノベーションの起点となるニーズを把握する手法の習得、イノベーションを起こすモチベーションの向上を目指す。

　以上の基本設計に基づき、タイムライン、ワークシート、投影資料を準備する。以下では、投影資料を含めて実施されたワークショップの内容を紹介する。

b）ワークショップの内容

　本ワークショップを始めるにあたり、まず、日本の高齢化の現状を把握するために情報を提供する。高齢化については多くの情報が世に満ちあふれているので、一般的な情報は最小限にとどめる。まず、『未来の年表 人口減少日本でこれから起きること』（河合雅司著、講談社現代新書、2017年）に掲載されている**図 4-7**の年表を紹介する。

　『未来の年表』の最後には日本を救う10の処方箋が提示されている。第1の処方箋は「高齢者を削減する」ことだ。驚くような処方箋だが、真意は高齢者の線引きを「75歳以上」へと引き上げるということである。日本老年学会・日本老年医学会は65歳以上を准高齢者、75歳以上を高齢者、90歳以上を超高齢者と定義することを提言している。年金支給年齢の引き上げも同じ流れに沿っている。必ずしも働き続けなければならないという暗い話ではなく、価値を生み出し輝き続けられる社会になると受け取るべきであろう。この大きな社会変化は、あらゆる分野において、これまでの慣習や仕組み、ルールなどを一から見直すことにつながるであろう。

　秋山弘子東京大学客員教授によると、90歳代まで元気で自立性が失われない男性のシニアは全体の10.9％で、70.1％の男性が70歳代前半から自立度が低下し、80歳代で何がしかの支援が必要になっている。19.0％の男性は60歳代から自立度が低下し、70歳代前半で亡くなる（**図 4-8**）。19.0％の層を70.1％の層に上げ、70.1％の人たちを10.9％の層に上げていくことは、超高齢社会の課題解決の目標の候補となろう。

　またBoyleらの研究（Boyle, P. A., Buchman, A. S., Wilson, R. S., Yu, L., Schneider, J. A., & Bennett, D. A.（2012）."Effect of Purpose in Life on the Relation between Alzheimer Disease Pathologic Changes on Cognitive Function in Advanced Age". *Archives of General Psychiatry*, 69（5），499-504.）によると、脳細胞の劣化を横軸に、認知機能の低下を縦軸にとると、脳細胞の劣化に伴い、直線的に認知機能は低下していく（**図 4-9**）。しかし、全員

が同じように低下するわけではなく、グラフの破線のように、認知機能の低下が遅いグループもある。このグループは Purpose of Life、すなわち生きがいや社会的意義を持っているグループである。この違いは、先ほどの自立度低下の違いと関連しているかもしれない。シニアがアクティブシニアでいるためには、生きがいや社会的意義を持つことが大切だということを示唆している。

このワークショップはエクストリームケース（ユーザー）アプローチを用いる。図 4-10 に示す通り、エクストリームケース（ユーザー）アプローチとは、普通の事例から外れた極端な事例を分析する方法である。極端な事例として未来を先取りしているケースを分析することにより、未来の社会における課題やニーズを把握することができる。未来の兆しと考えられる極端な事例を見つけ出し、分析することがこのアプローチの鍵となる。

今回は、エクストリームケースとして、『認知症になった私が伝えたいこと』（大月書店、2014年）の著者、佐藤雅彦氏を取り上げる。

佐藤雅彦氏は中学校の数学教師を経てコンピューター会社にシステムエンジニアとして勤務。51歳のときアルツハイマー型認知症と診断される。診断後、茫然自失し、地獄の生活を続けるも、聖書のイザヤ書「わたし（神）の目にはあなたは高価で尊い」という言葉で立ち直る。苦難には、人間には分からない神の計画があり、苦難に負けず、希望を持って生きることが大切であることを悟り、認知症の体験を全国で講演している。現在、講演やウェブサイト「佐藤雅彦公式ホームページ（https://www.sato-masahiko.com/）」を通じて「認知症とともに生きる」ことを発信し続けている。

佐藤雅彦氏のメッセージ：
①認知症になりたくてなる人はいない。
②社会と自分の中にある「二重の偏見」が、私たちの力を奪う。
③できなくなったことを嘆くのではなく、できることに目を向ける。
④認知症になっても、新しく覚えられることがある。
⑤記憶が消えても、記録は残る。
⑥認知症に伴う困りごとは、知恵と工夫で乗りきれる。
⑦今の苦難は永遠に続くのではないと信じる。
⑧自分が自分であることは、何によっても失われない。
⑨人は、何かができなくとも、価値のある尊い存在である。
⑩認知症になると、不便だけれど、不幸ではない。
⑪ちょっとした手助けがあれば、いろいろなことが楽しめる。
⑫「できること」ではなく、「したいこと」をすればよい。

図 4-9

生きがいや社会的意義の効果（Boyle, P. A., Buchman, A. S., Wilson, R. S., Yu, L., Schneider, J. A., & Bennett, D. A.（2012）. "Effect of Purpose in Life on the Relation between Alzheimer Disease Pathologic changes on cognitive Function in advanced Age". *Archives of General Psychiatry,* 69（5）, 499-504.）

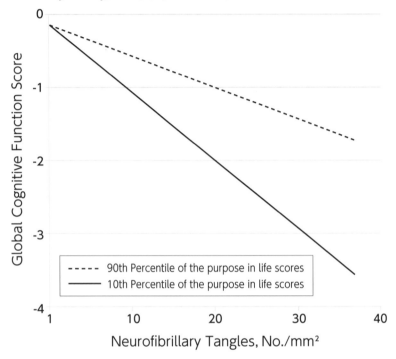

⑬一人ひとりの「認知症」がある。

⑭私には私の意思がある。

⑮「してもらう」「してあげる」より、「一緒にしたい」。

　図 4-11のようにエクストリームケースの例を用いて分析の方法を説明する。94歳の世界最高齢のパイロットの例では、「一日の中で調子の良い時間と、調子の悪い時間がある。調子の良い時間は若い頃と変わらないが、調子の良い時間は短くなってきている」という事実情報（白のノート）に対して、「いつ調子の悪い時間がやってくるか不安である。周りに心配をかけたくない。仕事をやめさせられたくない」という解釈（緑のノート）、「認知能力、身体能力をリアルタイム

図 4-10
エクストリームケースの概念

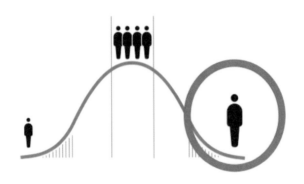

エクストリームケース(ユーザー)

未来の兆し、未来の当たり前

で計測し、自分や周囲に分かるようにしたい」というニーズに関する示唆（青のノート）を導き出す。

　以前にインタビューした認知症のＡさんの「子供と居ると安心する」という発言（白のノート）から、「大人と居ると安心できない。認知症と分かると人として扱ってもらえない」という解釈（緑のノート）、「認知症の方が心を閉ざすのは、健常者の無意識の差別意識が原因」「健常者が自分の差別意識に気づくようになることが認知症の方に対する最も有効な支援」というニーズ（必要なもの、こと）に関する示唆（青のノート）を導き出す。

　参加者はワークシートに佐藤氏に関わる事実情報を白で、その事実に対する解釈を緑で、そこから得られるニーズ（必要なもの、こと）に関する示唆を青のノートに書いていく。例えば、事実情報として「家族に迷惑をかけていることに負い目を持っている。ちょっとした手伝いができるなら役割を与えてほしい」と書く。その事実の背景や理由となる解釈を推測し、「認知症の人の解釈と周囲の人の解釈が違う。その違いに気づかない」と緑のノートを加える。そこから得られる示唆、どういうニーズがあるかを青で「認知症の方とのきめ細かいコミュニケーションが必要。できないことではなく、できることに注目し、どんな小さなことでもその人を頼り、感謝する。これは健常者同士のコミュニケーションでも同

じ」と導く。

　このように事実情報を複数挙げ、解釈を加え、示唆を導き出す。事実情報はたくさんあるが、良い示唆にたどり着く事実情報を抽出することが大切となる。

　ワークショップにおいては、個人ワークとグループワークをうまく利用する。最初はグループワークで意見交換し、意識をすり合わせてから、個人ワークで事実情報を挙げていく。ある程度事実情報が集まったら、グループワークで議論し、解釈について議論する。その後、個人ワークで示唆を導き出していく、というのは一つの方法だ。

　図 4-12 はあるチームのワークシートで、多くの解釈、示唆が導き出されている。このワークショップではニーズに関連する示唆を導き出すことをゴールに設定しているが、ニーズに応える製品やサービス、すなわち手段のアイディアを創出するワークショップの場合、良い示唆が選別され、アイディア発想に適した数に絞られている必要がある。人の認知能力には限りがあり、膨大な情報を処理することは難しい。

　良い示唆を選ぶために示唆の評価を行う。そのためには良い示唆とはどのようなものなのかを明確にすることが求められる。**図** 4-13 に示す示唆評価マトリクスを用いて示唆の評価を行う。

　まず、示唆評価マトリクスの上側、表頭の緑のノートに記載した評価基準に関して議論する。良い示唆とはどのようなものなのかは、この評価基準で規定される。サンプルとしては、「大きな効果を期待できる支援につながるか？」「新たな気づき、バイアスブレイキングになっているか？」、「実現可能な支援につながるか？」を挙げている。バイアスブレイキングとは、社会通念だと思い込んでいることが、実はそうではなかったということに気づくのだ。評価基準として、新規性、有効性、実現可能性の３つを挙げることが一般的であるが、サンプルのように具体的な問いにした方が評価コメントを出しやすい。１つ目は有効性に、２つ目は新規性に、３つ目は実現可能性に対応する。手段のアイディアではなく、目的（ニーズ）に関する評価基準であるので、目的を果たす手段を念頭に評価する基準となっている。チームで議論して評価基準を修正、追加することが望ましい。評価基準がチームメンバーの腑に落ちるかどうかが重要である。一方で、評価基準の議論に多くの時間を割くのは避けた方がよい。結局、どのようなコメントをそれぞれの示唆に対して加えていくかが重要であり、評価基準はその一助に過ぎない。偏った評価にならないようにすることが評価基準の役割である。

　評価基準を参考に、各自、自分の出した示唆の中でベストなものを２、３選び、色を濃い青に変え、示唆評価マトリックスにコピーして左側の縦（表側）に並べる。

それぞれの示唆に対して、設定した評価基準に照らして議論し、ポジティブなコメントを白に、ネガティブなコメントをグレーにして、評価マトリクスを埋めていく。示唆評価マトリクスが完成すると、示唆と示唆に対する評価の全体像を俯瞰することができる（図4-14）。

　このワークショップでは、示唆の評価までを扱うが、アイディア発想まで行う場合は、この後、個々の示唆に対する支援のアイディアを導く。前項のニーズ×シーズ（テクノロジー）アプローチを使うのであれば、ニーズに応えるために有効と思われるようなテクノロジーの情報を集め、その分析を行って、ニーズとテクノロジーの掛け合わせでアイディア発想を行う。

　アイディア発想にはニーズの把握がとても重要だ。ニーズを深く把握できていれば、最終的に質の高いアイディアが得られることが期待できる。反対に、ニーズが平凡だったりすると、どんなにテクノロジーを掛け合わせても、大した支援にはならない。ニーズをいかに深く分析し、丁寧に導き出すかが大事である。どういうニーズが本質的なのか、新しいイノベーションにつながるのかを議論し、チームとして共通認識を持つことが重要であるが、そのためにはこの示唆評価マトリックスによる分析が有効である。

　示唆評価マトリックスによる分析をグループで行うと、チームメンバーの多面的視点、多様な価値基準を知ることができ、グループワークの意義に気づくことが多い。この評価においてはひとつの示唆を選ぶというのが最終ゴールではなく、むしろ示唆を深く理解するのに役立つ。例えば、ニーズ×シーズ（テクノロジー）アプローチで、左側に分析するニーズを並べたとき、ニーズを選択する際に、今回の評価マトリックスの議論が役に立つ。ニーズに対する深い理解、そして自分の思考の深化のためにも本作業が重要となる。

c）ワークショップのアウトプット：示唆の例
　本ワークショップは3時間という短い時間で行われたが、ワークショップに対するイメージを持つために、得られた主要なニーズに関する示唆を列挙しておく。
　【認知症の人のニーズ】
・日常的には、短期的な記憶がとび、思い出せないことが問題。この問題を解決するのはITが得意。記憶補助装置。
・認知症のひとが新しい、ポジティブな体験ができる機会の提供。
　【周囲の人のニーズ】
・認知症の人のできることは何か、外部に可視化して伝える。
・認知症を抱える本人だけでなく、家族を含め周りの人も相談できる場の提供。
・認知症の人の本音を把握すれば、より良い対応ができる。実際には本人も話さ

図 4-11

エクストリームケースの分析

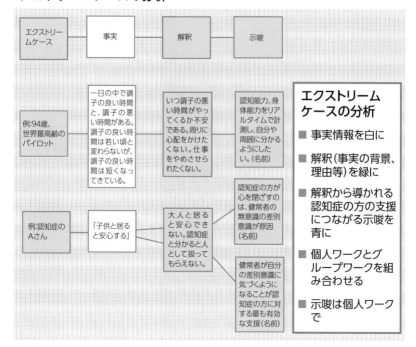

図 4-12

あるチームの分析結果

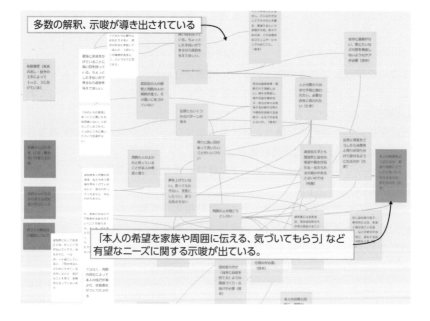

図 4-13

示唆評価マトリクス

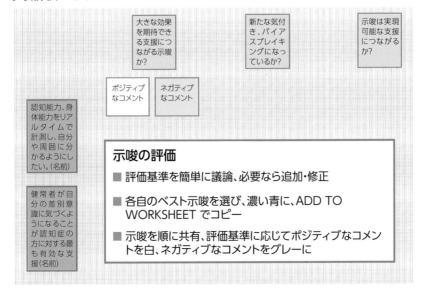

図 4-14

示唆評価マトリクスの完成状態

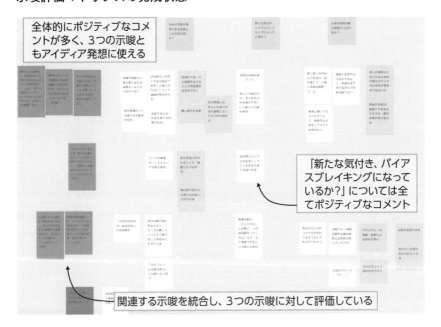

ないし、周りの人も話さない。認知症の人の現状をオープンにする。

【社会のニーズ】

・認知症の人を受け入れてくれる一般の活動グループ。健常者と認知症の人が触れ合う場をつくることにより、お互いの理解が深まる。

・健常者による差別は、認知症の人たちが情報発信しないと解消されない。認知症の人が自由に情報発信できる何かがあれば、周りの理解が進む。

・認知症の人が本音を語れる場。

・認知症を疑似体験できる場。

・認知症は自分には関係ないことと思いがち。自分もなるかもしれないと思うことにより、健常者もわがこととして、当事者の気持ちになって考えられる。

・認知症の人でもできることはたくさんあるということを広く知ってもらう。

（2）バイアスブレイキングアプローチ：「インターンシップのイノベーション」

a）ワークショップの基本設計

　テーマは「インターンシップのイノベーション」であり、革新的で有効なインターンシップのアイディアを創出することを目指す。このワークショップで生み出す手段は、インターンシップを主宰する企業にとっても参加する学生のどちらにとっても有意義で魅力的にインターンシップである。手段が果たす目的は、主宰する企業と参加する学生のどちらにとっても有意義で魅力的に感じられる価値を提供することだ。ワークショップの参加者は、大学教員と企業の社員、大学生を想定する。ワークショップの主催者は大学の執行部である。オンライン・ワークショップ、土曜日3時間で実施する。

　新規性を生み出す方法は、バイアスブレイキングアプローチである。バイアスブレイキングアプローチを採用した理由は、インターンシップが形骸化している現状にある。過去の慣例を踏襲しているために、本来の意義が失われている可能性が高い。バイアス（当たり前だと思い込んでいること）を探し、それを崩すことによって新しいアイディアが生まれる。

　目的分析の方法としては、インターンシップに関わる事実、制度、常識等を抽出、分類し、その上でその原因・根拠を考え、そのバイアスが崩せるかどうか検証する。手段分析の方法は、バイアス崩しによるアイディア発想である。事前準備として、事前課題として読む資料の探索、目的分析、手段分析、アイディア発想のサンプルの準備を行う。ワークショップのアウトカムとしては、インターンシップに対するバイアスへの気づき、本来行われるべきインターンシップのあり方に関する理解、理想的なインターンシップの実現に対するモチベーションの醸

図 4-15

ワークシート「バイアスブレイキング」

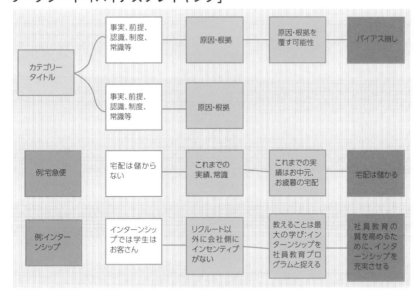

成を期待する。

b) ワークショップの内容

　図 4-15 のワークシートを用いてバイアスブレイキングを行う。「事実、前提、認識、制度、常識等」を白のノートに、「原因・根拠」を緑のノートに記入する。原因・根拠を覆すことができるかどうかを検討し、覆すことができる場合には「原因・根拠を覆す可能性」を薄い赤のノートに、覆した結果としての「バイアス崩し」を濃い赤のノートに記入する。覆すことができない場合は、薄い赤、濃い赤のノートは追加せず、次の項目に移る。

　バイアスブレイキングの方法を例を用いて示す。例として宅配便を取り上げる。宅配便がサービスとしてスタートする前は、宅配は儲からないと思われていた。そう思われていた原因と根拠を挙げると、これまでの宅配は、お歳暮とお中元が中心で、1年に1回か2回のために、倉庫、運転手を確保しなければならなかったので、儲からなかった。その常識を崩すと宅配は儲かる、となる。これがバイアスブレイキングのアプローチだ。

　「宅配は儲からない」を白のノートに、「これまでの実績、常識」を緑のノートに、「これまでの実績はお中元、お歳暮の宅配」を薄い赤のノートに、「宅配は儲かる」を濃い赤のノートに記入する。

図 4-16

インターンシップに関わる事実、前提等の列挙

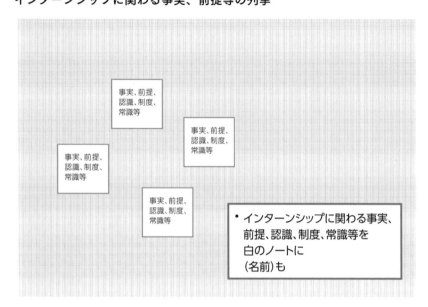

今回のテーマは「インターンシップのイノベーション」なので、インターンシップに関する制約や常識、思い込みといったものを抽出し、その原因とか根拠を検討し、その中から崩せるものを見つけ出して、バイアスブレイキングを行う。崩せるバイアスが見つかれば、それがアイディア発想につながっていくことは明らかなので、良いバイアス崩しができるかどうかが、このアプローチの要となる。

企業のインターンシップでは学生はお客様扱いされていることが多い。その原因は企業のインセンティブがリクルートのみだからだ。インターンを受け入れるのは、学生を採用したいという動機があるからで、結果として学生がお客様になってしまう。この原因・根拠を崩して、インターンシップを社員の学びの場、社内教育プログラムと捉えてみる。そうすると、社員教育の質を高めるためにインターンシップを充実させる、というバイアス崩しができる。このように、インターンシップの新しい概念がバイアス崩しから導くことができる。

この例は、**図 4-15** のワークシートでは、白のノート「インターンシップでは学生はお客さん」、緑のノート「リクルート以外に会社側にインセンティブがない」、薄い赤のノート「教えることは最大の学び：インターンシップを社員教育プログラムと捉える」、濃い赤のノート「社員教育の質を高めるために、インターンシップを充実させる」と表される。

図 4-17

事実等のカテゴリー化

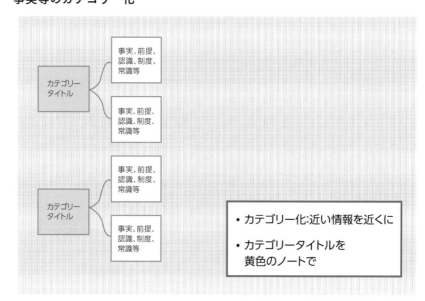

図 4-18

原因・根拠の分析

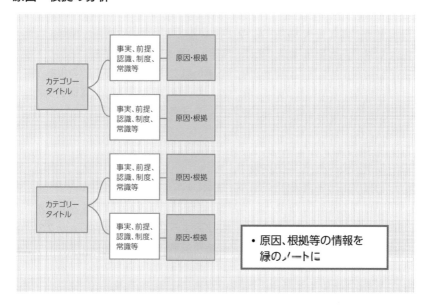

図 4-19

原因、根拠を覆す可能性の検討とバイアス崩しの導出

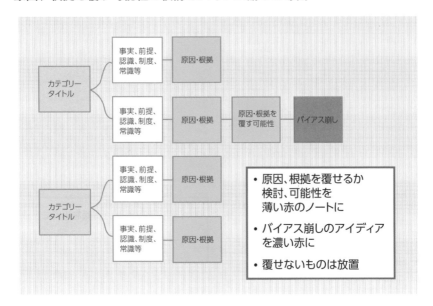

このようにバイアスブレイキングを行う。まず、**図 4-16**のようにワークシートの中で、インターンシップに関わる事実、制度、常識、当たり前だと思っていることを白のノートに記入する。それらをカテゴリー化して、タイトルを黄のノートに書き、縦に並べる（**図 4-17**）。その上でその常識の原因と根拠を緑色のノートで挙げる（**図 4-18**）。次に、原因・根拠を崩す可能性を薄い赤のノートに記入し、バイアス崩しのアイディアを濃い赤で挙げていく。全部の根拠が崩せるわけではないので、どうしても崩せないものは放置しておく。数は少ないかもしれないが、崩せるものを丁寧に探していく（**図 4-19**）。

（3）未来探索アプローチ：
「After コロナのニーズ把握」

a) ワークショップの基本設計

　テーマは「After コロナのニーズ把握」であり、目的分析までを対象とする。手段のアイディアまで扱うワークショップとするならば、ワークショップで生み出す手段は、After コロナのニーズに応える新規事業である。手段が果たす目的は、コロナ禍が収束した社会におけるニーズ（求められるもの、こと）に応えることだ。ワークショップの参加者は企業の新規事業企画室の室員、ワークショップの

主催者は新規事業企画室長である。オンライン・ワークショップ、夜間3時間で実施する。

　新規性を生み出す方法として、未来探索アプローチを採用する。目的分析の方法として、社会変化事例から解釈、ニーズに関する示唆を導出する。このワークショップ例では手段分析は行わない。事前準備としては、コロナ禍による社会変化事例の収集、選定、事前課題の設定、分析のサンプルの準備を行う。ワークショップのアウトカムとしては、新規事業の実現、社会変化事例から未来のニーズを把握する手法の習得、イノベーションを起こすモチベーションの向上を期待する。

　このようなテーマでワークショップを実施する場合、ワークショップには2つのタイプがある。

　タイプ1＝「アウトプット重視」で、新規事業アイディアの創出を目的にするワークショップ。経験を積んだメンバーが、時間をかけ、業務として実施する。

　タイプ2＝「教育・研修効果重視」で、例えば、大学で学生を対象に、または企業の中で研修として、比較的経験の少ないメンバーで実施するワークショップ。達成感を感じさせることが重視される。

　今回はタイプ2の、企業内の若手社員の研修として実施するワークショップとする。

b) ワークショップの内容

　今、コロナ禍により、100年に一度と言えるような大きな変化が起こっている。ワクチン開発、検査手法、治療法が整備されるに従い、今起こっている状況の多くが改善されて、もしかすると、コロナ禍以前の日常に戻るかもしれない。一方、たとえコロナ禍が収束したとしても、コロナ禍とともに変わった新たな日常、新たな動きは、そのまま元に戻らないかもしれない。何が元に戻り、何が変わっていくのか、どう見極めていくべきか。ワークショップにより、今起きている個々の事象を収集・分析して、未来社会において顕在化するであろう大きなニーズとビジネス機会を捉え、本質的変化を把握する。

　まず、図 4-20 のワークシートを用いて、現在起こっている変化を分析し、それらの背後にある意味を解釈して、未来社会において顕在化するであろう大きなニーズとビジネス機会に関する示唆を導き出す。

　まず、コロナ禍による社会変化事例の分析例を示す。仕事関連の事例を左側に並べた。

図 4-20

コロナ禍による社会変化の分析

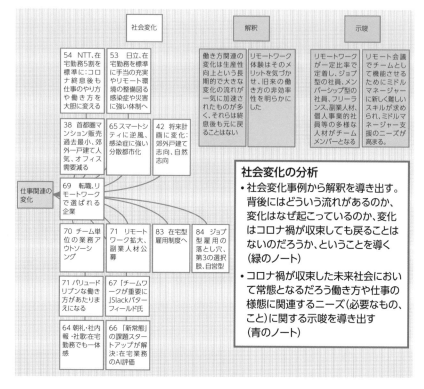

【仕事関連の事例の例】

・NTT、在宅勤務5割を標準に：コロナ終息後も仕事のやり方や働き方を大胆に変える（2020年5月28日付　日本経済新聞電子版
　https://www.nikkei.com/article/DGXMZO59694740Y0A520C2EA2000/）

・日立、在宅勤務を標準に　手当の充実やリモート環境の整備図る　感染症や災害に強い体制へ（2020年05月27日付 ITmedia NEWS
　https://www.itmedia.co.jp/news/articles/2005/27/news082.html）

　これらの事例から、解釈を導き出す。個々の事例の中から論理的・演繹的に考えて、その背後にはどういう流れがあるのか、そのような変化はなぜ起こっているのか、コロナ禍が収束しても戻ることはないのだろうか、といったことを導くのが解釈である。

【解釈の例】

・「働き方関連の変化は生産性向上という長期的で大きな変化の流れが一気に加速されたものが多く、それらは収束後も元に戻ることはない」
・「リモートワーク体験はそのメリットに気づかせ、旧来の働き方の非効率性を明らかにした」

　次に、解釈に基づいて、示唆を導き出す。コロナ禍が収束した未来社会において常態となるであろう働き方や仕事の様態に関連するニーズ（必要なもの、こと）に関する示唆を導き出す。

【示唆の例】

・「リモートワークが一定比率で定着し、ジョブ型の社員、メンバーシップ型の社員、フリーランス、副業人材、個人事業的社員等の多様な人材がチームメンバーとなる」
・「リモート会議でチームとして機能させるためにミドルマネージャーに新しく難しいスキルが求められ、ミドルマネージャー支援のニーズが高まる」

　解釈、示唆を導き出す際には、現在起こっている変化の背後にある長期的トレンドを考える。仕事や働き方では、高度成長期の大量生産、大量消費、ものづくり、技術革新、日本型経営、集中型、階層的、終身雇用、年功序列、猛烈社員的働き方の時代から、低成長、知識社会、ICT、AI、自動化技術、ダイバーシティ、分散型、フラットな組織、転職、マルチワーカー、ライフワークバランスといったキーワードで代表される働き方に変わりつつある。長期トレンドの中で少しずつ変化してきたものが、今回のコロナ禍で急激に変わる。このような長期的トレンドに基づいて、解釈、示唆を導く（**図 4-21**）。次に事前課題として目を通した「住まい方、暮らし方」「移動方法」「旅行、レジャー」「飲食、宅配」「エンタメ」「スポーツ」「医療」「健康」「介護」に関わる社会変化事例の中から、各チームが取り組むテーマを選択。選んだテーマの社会変化事例を分析し、コロナ禍収束後のニーズに関する示唆を導き出す。導き出されたニーズの例を以下に示す。

・エンタメにおける示唆：「イベントのオンライン化に伴い、会場のアクセスやキャパシティの制約から解放され、コンサートの参加費が大幅に低減される／新しい表現、観客とのインタラクションを可能にするバーチャル会場に関する技術革新が求められる」
・全体に関わる示唆：「オンラインの場が増えるからこそ、オフラインの価値が

上昇する／オフラインの価値を最大化する新しいサービスが求められる」
・全体に関わる示唆：「会ったことがなくても互いに信頼を置いてやり取りできるような仕組みが求められる」

　導き出されたニーズに関する示唆は多数に上る。取り上げるに値する示唆を選別するために、**図 4-22** に示す示唆評価マトリクスを用いて示唆の評価を行う。ワークシートの左側に示唆（青）を縦に並べ、上側横に評価基準（緑）を並べる。それぞれの示唆をチーム内で共有して評価基準に従って議論し、ポジティブなコメントを白のノートに、ネガティブなコメントをグレーのノートに記入して該当する評価基準の下に配置する。
　評価基準の例と、示唆の例に対する評価コメントを以下に示す。

・示唆の例：「オンライン会議が中心となり、中間管理職、チームリーダーに新たなスキルが求められ、新たな研修の必要性が高まる」
・評価基準「コロナ禍完全収束後にも意味のある示唆か？」に対する評価コメント：「リモートワークは長期的トレンドに沿っている。リモートワークのメリ

図 4-21
解釈、示唆を出し終えた状態

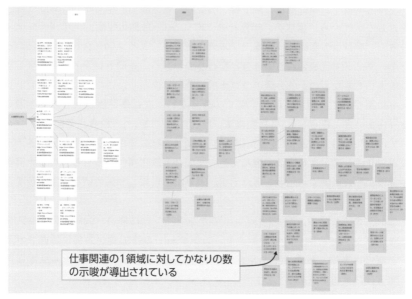

仕事関連の1領域に対してかなりの数の示唆が導出されている

ットが実証されたので、ある部分は元には戻らない」

・評価基準「変化・解釈と整合的か？」に対する評価コメント：「オンラインミーティングが一般的になれば、チームとして機能するためのオンライン会議が機能するかどうかが死命を制することは論理的。今のチームリーダーがうまくやれるとは思えないので、新たな研修が必要となるのは必然」

・評価基準「発見的な示唆か？」に対する評価コメント：「テレワークがうまくいくか、労働意欲を保てるかという検討は多くなされているが、チームとして機能するかという視点は不足しており、発見的と言える」

・評価基準「大きなインパクトを生むか？」に対する評価コメント：「生産性の向上に深く関係しており、日本企業が国際競争力を発揮できるかどうかを左右するため、結果的に大きなインパクトを生むことになる」

示唆の評価を踏まえて、採用すべき示唆を選択する。このワークショップに続

図 4-22
示唆評価マトリクス

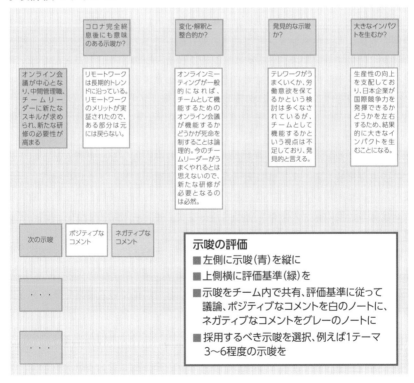

けて行うアイディア発想のワークショップで用いるために、適切な数、例えば1テーマ3～6程度の示唆を選ぶ。

（4）アナロジー思考アプローチ：「企業発イノベーション施策」

a）ワークショップの基本設計

　このワークショップのテーマは「企業発イノベーション施策」であり、イノベーションを生み出すための施策、取り組み、組織改革、外部機関との連携などがワークショップで生み出す手段だ（**図4-23**）。手段が果たす目的は大企業からイノベーションが生まれるようにすることである。ワークショップの参加者は社内の部門横断的なタスクフォースのメンバーであり、いろいろな部署から人を集めている。ワークショップの主催者はチーフイノベーションオフィサーか、イノベーション推進室。オンライン・ワークショップ、土曜日3時間で実施する。新規性を生み出す方法はアナロジー思考アプローチであり、目的分析の方法は社内の課題抽出、手段分析の方法はイノベーションを生み出すことに成功した国内外の大企業の事例分析である。

　事前準備として、イノベーションを生み出すことに成功した国内外の大企業の事例の収集、イノベーション施策以外の取り組みで参考になる事例の収集、社内の課題に関係する資料の準備を行う。ワークショップのアウトカムとしては、イノベーション施策の経営層に対する提案、社員の意識改革、組織風土の変革、イノベーションを生みだす企業への変身を期待する。

b）ワークショップの内容

　このワークショップでは、企業の中からイノベーションが生まれるようにするための施策を考える。まずは各チームでどんな企業を対象とするかを検討し、企業ペルソナを考える。その次に、過去、イノベーションに成功した企業の施策事例を分析し、その後、アナロジー思考に基づきアイディア発想を行い、アイディアを共有する。

　第3章3.1（5）7）「アナロジーを活用する」で説明した通り、アナロジーとはある概念とある概念の間に存在する属性と属性、関係性と関係性の間の対応関係のことであり、アナロジー思考とは、アナロジーに基づいて目的を達成する手段を発想する思考である。アナロジー思考はとてもやりやすいが、平凡なアイディアに陥りやすい。新規性を高めるために、表層的類似性を低くして、構造的類似性を高くする。

　まず**図4-24**のワークシート「企業ペルソナ」に対象とする企業の情報として

図 4-23

ワークショップ「企業発イノベーション施策」の基本設計

以下のことを書き込む。①企業の特徴、業態、規模、売上、利益率、業務内容、どんな課題を抱えているか（黄のノート）、②イノベーションの必要性、企業の置かれた環境（緑のノート）。新興企業が進出してきて既存ビジネスが脅かされているなど。③イノベーションを生み出せない理由、問題点（青のノート）。社長はイノベーションを生み出せというが社員がなかなか動かない、など。

「企業発イノベーションの施策」というワークシートの左側に、先の企業ペルソナで挙げた、イノベーションを生み出せない理由（青のノート）を縦に並べていく。イノベーションを生み出せない理由の解消は、イノベーションを生み出すための施策等のワークショップで生み出す手段が果たすべき目的であり、以上の作業は目的分析と捉えられる。

次に、手段分析、すなわちイノベーションを生み出すための施策等に関する分析を行う。事前課題として配布した以下の海外企業のイノベーション事例を分析する。

・イケアの社員が一人もいないイケアのイノベーションラボ：イケア

- 自らに破壊と創造を課すホテルオペレーター：アコーホテルズ
- 買収で手に入れたオープンイノベーションプラットフォーム：IBM
- 保険大手の具体的なテーマのアクセラレーションプログラム：MetLife
- フラットな組織でアイディアが生まれやすい環境を実現：Airbnb 他
- 6拠点に目的別イノベーションラボを設置しスポンサー企業と協業：AT&T
- 他社の幹部を巻き込み即決で投資判断をするブートキャンプ：Cisco
- 同時多発的に複数の企業を立ち上げるスタートアップスタジオ：AXA
- 創業150年の老舗企業流のオープンイノベーション：BAYER

　それぞれの事例について議論し、イノベーション創出へのヒントやエッセンスを緑のノートに記入する（図4-25）。例えば、イケアのイノベーション拠点、SPACE 10はこれからの都市のあり方や人々の暮らし方がどうあるべきかを考える場であるが、イケアの社員が一人もいない。発想の原点はイケアのビジネスとは違うところにあり、プロジェクトごとに専門家を集めてオープンシステムでイノベーションを起こすことを重視している。この事例に対して、「自分たちのビジネスから完全に離れ、未来を考えることがイノベーションのアイディアにつながる」という緑のノートを加える。

　図4-26に示す通り、左側のイノベーションを生み出せない理由、問題点と右側の事例の中間に、薄い赤のノートでアイディアを書き込む。アイディア発想は個人ワークで行う。海外企業のイノベーション事例に加えられた緑のノート「海外企業のイノベーション事例」を参考にアナロジー思考によりアイディアを発想する。例えば、イケアの事例の「自分たちのビジネスから完全に離れ、未来を考えることがイノベーションのアイディアにつながる」という緑のノートに対するアナロジーから、未来シナリオを描くオンライン・ワークショップを発想する。ワークショップ参加者は社外の研究者やSF作家とし、テーマ、参加者を毎回変えて、未来シナリオを次々に作成し、未来シナリオ集を社内で共有する、というアイディアを発想する。

　アイディア発想が終わると、図4-27のように多数の薄い赤のノートが作成されている。個々のアイディアはイノベーションを生み出せない理由、問題点の青のノートと、アナロジー思考で活用した事例にリンクが張られている。各々がベストだと思うアイディア1つを濃い赤に変え、グループ内でアイディアを紹介・共有する。時間がある場合には、第3章3.2（3）「アイディア評価」で説明した評価マトリクスによるアイディアの評価など、ワークショップ後半のプロセスを行う。

図 4-24

ワークシート「企業ペルソナ」

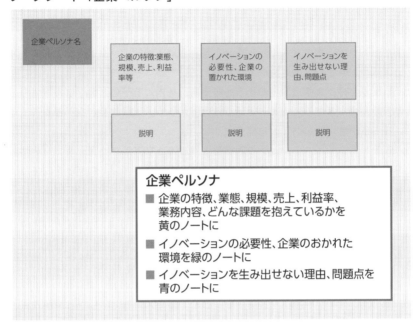

図 4-25

海外企業のイノベーション事例の分析

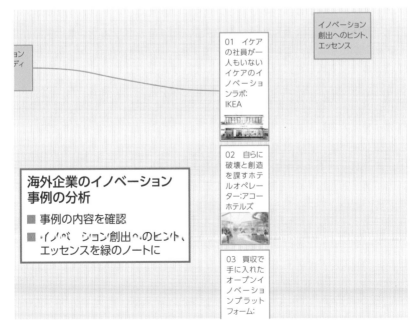

c）ワークショップのアウトプット：アイディア例

　３時間のワークショップで創出されたアイディアを例として以下に示す。

【アイディア１】

　企業ペルソナ：電気メーカー子会社、社員500人規模、ソフトウエア開発会社

　企業課題：今までは請け負いで仕事をしていたが、それだけでは競合他社に負けてしまうため、より上流での仕事を模索中。社内に若干の危機感はあるものの、目の前の開発に専念していたいと思う技術者が多く、意識改革がなかなか進まない。社内技術者が新しいことに関心がない。

　アイディア：イノベーションの起爆剤となるようなアンバサダーやコーチ役を社内で募集するバイエル社の施策を参考に、社内向けにアンバサダーを立てて技術者を巻き込む。さらにトップも巻き込む。新たなアイディアとしては、自社だけでなく、他社を巻き込む方法も考える。社外の著名な起業家に協力を仰ぎ、一緒にワークショップをやる。

【アイディア２】

　企業ペルソナ：大手鉄道会社

　企業課題：メインの事業が鉄道事業なので、安全・安心といったコンサバティブな考え方が強く、なかなか新しい発想が出にくい。超有力な事業があるため、それ以外の事業への展開がなかなか起きにくい。ここに来て、コロナ禍により打撃を受け、危機感はあるものの、変革を起こすまでには至っていない。

　アイディア：一つは、他の企業と連携する。例えば、いろいろな事業のアイデアソンを実施するとともに、拠点をつくる。バイエル社のように社内横断的なアイディア創出を図る。コンサバティブ企業といいながらも、とがった人材も数多くいるので、それらの人材をアサインして、テーマを絞って活用する仕組みをつくる。

【アイディア３】

　企業ペルソナ：大手鉄道会社

　企業課題：バイアスが強い会社なので改革が難しい。

　アイディア：社外から積極的にアイディアを聞く。主力事業以外の新規事業を考える、というではなく、逆に主力事業をうまく使ったアイディア出しをする。車両型イノベーションラボをつくって、各地にイノベーティブな人材を乗せて走り、アイディア創出を行う。さらにそのプロジェクト自体を旅行パックとして提供し、地域でのアイディア創出をするなど、地域創生にも貢献する。学生インタ

ーンシップ制度にも利用するなどして、主力事業をイノベーティブなツールとして提供していく。

【アイディア4】

企業ペルソナ：日本を代表する自動車会社

企業課題：自前主義かつ車を造ることに専念するがゆえに、他の事業を生み出す力がない、人材がいない。

アイディア：新しいアイディアを学生選抜とともに開発する。ベースとなった考えは、AXAのスタートアップスタジオや、IBMの買収で新しい血を入れるという事例。外部人材とともにスタートアップをつくって新しい事業を興していく、そしてその活動を学生のインターンシップと合体して、学生と一緒に考えていく。

d）アナロジー思考アプローチの事例収集

アナロジー発想は、どういう事例を集めるかによって出てくるアイディアの質が決まるため、事例収集がとても大切だ。また、事例を収集すること自体の教育効果もとても高いので、事例収集を教育プログラムの一貫に組み入れることが望ましい。ただし、適切な事例を収集できるようになるには経験が必要なので、最初はワークショップ提供者が準備するのが現実的である。

アナロジー発想で新規性を高めるには、表層的類似性が低く、構造的類似性が高いアイディアがよい、ということは分かっているが、表層的類似性が低く、構造的類似性が高いアイディアにつながる事例を探すのは容易ではない。今回の課題の場合は、イノベーションが生まれない企業の課題を解決する仕組みに有効な構造的類似性を持ち、かつ、企業がイノベーションを生み出せるようになる施策からは遠い分野の事例を見つけなければならないが、それは実際には難しく、結果としてかなり近い事例となった。それでも会社が違う、業態が違う、分野が違うということで、ある程度、表層的類似性を低くすることができた。発想しやすいが平凡なアイディアになってしまいそうな近い事例と、難易度の高い遠い事例をうまく組み合わせ、バランスをとって発想すると、アナロジー思考の経験のある人もない人も同じように取り組める事例のセットが見つかるだろう。

事例を集めるために、普段からアンテナを張って、考える習慣をつけておくとよいだろう。また、仲間と一緒に事例を集めておくのも効果的だ。

事例収集の方法については次の章で詳細を説明する。

コラム①：アイスブレイキング

　多くのワークショップでは、チームビルディングを兼ねてアイスブレイキングの時間を取っている。ワークショップに参加するメンバーが緊張をほぐし、グループワークを行うメンバーと親しくなって、ワークショップを円滑に進めていくために有効だが、アイスブレイキングの趣向を競うようなきらいもある。

　i.school ではアイスブレイキングに凝ることは避けている。ワークショップ・プロセスをこなすための時間が不足することが多いからだ。アイスブレイキングを行う場合には、そのワークショップの枠組みを理解することを兼ねて行うことにしている。そのようなアイスブレイキングの一例を紹介する。アナロジー思考に基づく発想の理解を深めることを目指した例である。

　まず、APISNOTE の練習を兼ねて、ショッピングモールにおける新しいサービスのアイディア発想のゲームを行う。**図 4-28** のように好きな色のノートに自分の名前を記入する。そのノートを移動させ、周りにオープンスペース、自分のテリトリーを確保する。3 分間でショッピングモールにおける新しいサービスを発想し、アイディアを思いついたら同じ色のノートにアイディアのタイトルかキーワードを記入する。アイディアの数を競うゲームで、3 分後に最も多くのアイディアを生み出した人を選び、表彰する。

　次に、**図 3-4**、5（54 ページ）のスライドを使って、アナロジー思考の説明を行う。Amazon の「おすすめ商品」というサービスは、客の購入履歴、持っている商品、商品の評価などのデータを検証し、Amazon のサイトでの他の購入者のアクティビティと比較して、興味を持ってもらえそうな他の商品をおすすめするサービスだ。

　この仕組みは回転寿司にも利用された。最初は皿の裏に QR コードを貼り、食べ終わって返却口に入れたときに QR コードを読み取り、データベースにデータを蓄積する。このデータを用いて、どのような客に対してどのようなタイミングでどのような寿司ネタを出すかを決めている。例えば、子連れのファミリーとシニアのカップルでは出すネタもタイミングも変えている。客からすれば、いつでも欲しいネタが回ってくる。誰も取らずに周回を続けることもなくなり、食品衛生的にも、ビジネス的にも優れたサービスである。

Amazon の「おすすめ商品」も、この回転寿司のサービスも異なる領域でのサービスであるが、価値提供の仕組みは同じである。この価値提供の仕組みは、「テーラーメード提案」と呼ぶことができる。アナロジー思考とは、Amazon のサービスから回転寿司のサービスを思いつく発想法である。

　この説明の後、再びショッピングモールにおける新しいサービスのアイディア発想のゲームを行う。今度は数の勝負ではなく、アイディアの質の勝負である。「テーラーメード提案」という仕組みを使い、アナロジー思考によりショッピングモールにおける新しいサービスを発想する。アイディアは 1 つでも構わない。3 分間でアナロジー思考によりアイディアを発想し、図 4-28 のワークシートにアイディアを記入する。図 4-28 の長めのテキストが記入されたノートは、アナロジー思考により追加されたものだ。

　終了後、各グループ内でアイディアの共有をすると、皆楽しそうに自分のアイディアを紹介し合う。自分のアイディアを紹介するのは楽しい行為であり、とても効果的なアイスブレイキング、チームビルディングになる。アナロジー思考の理解を兼ねた一石二鳥のアイスブレイキングである。

　最後に、図 4-29 のスライドにより、既存の手段と表層的類似性が低く、構造的類似性が高い手段のアイディアは新規性と有効性が高くなることを説明する。別の領域で成功している仕組みが当該領域においても有効である可能性は高く、それがアイディアの有効性が高くなる根拠である。もちろん、領域が異なれば様々な条件も異なるので、別の領域でうまくいったからといって、それが常に成り立つわけではないことには注意が必要である。表層的類似性が低ければ、人はそれらが同じ仕組みであることにも気がつかない。当該領域でいまだ使われたことがない仕組みであれば、新しいと認識される可能性は高い。このようなアナロジー思考に関する説明をアイスブレイキングで行うことができる。

図 4-26

アイディア発想

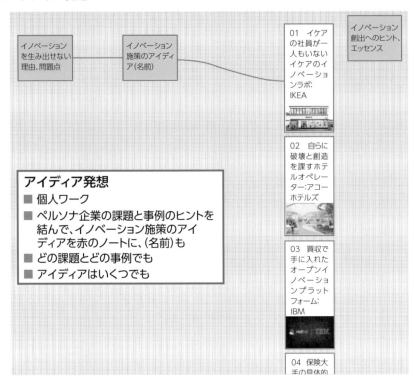

図 4-27

アイディア発想終了後のワークシート

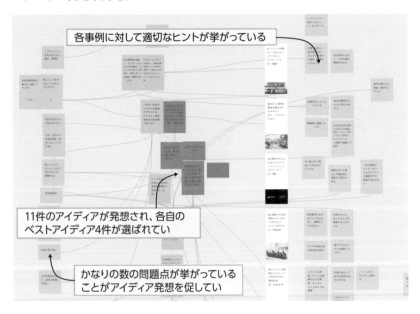

図 4-28

ショッピングモールでの新しいサービスアイディア

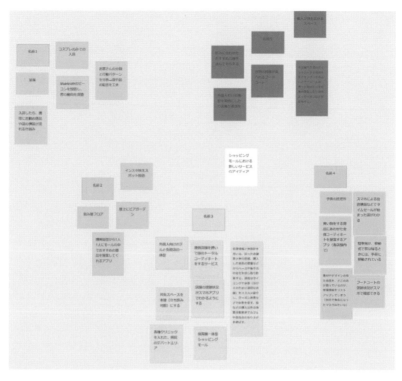

図 4-29

表層的類似性と構造的類似性を説明するスライド

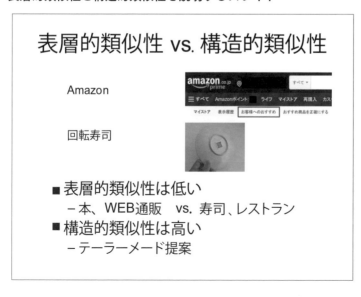

5 アナロジー思考アプローチの事例収集方法

　第4章ではアイディア創出ワークショップの設計方法を説明した。設計例の最後の事例ではアナロジー思考アプローチによるワークショップを紹介し、事例収集の重要性を述べた。どのアプローチを採用するとしても事前準備の事例収集は必要である。例えば、エクストリームケース（ユーザー）アプローチの場合、分析するエクストリームケースとしてどのような事例を準備するかによってワークショップの成否は左右される。

　アナロジー思考アプローチは、アイディア創出ワークショップでよく用いられる基本的なアプローチである。新規性の高いアイディアを発想できるようにするためには、構造的類似性が高く、表層的類似性の低いアナロジー事例を用いることが重要である。そのような事例を準備できるようにするためには、そのための方法論に基づくことが必要である。第5章では、アナロジー思考アプローチを採用するワークショップの事前準備における事例収集の方法を提示する。

　事例収集の方法を理解するために、まず5.1で事例の役割に関する理解を深める。説明の題材として「農業の未来」というテーマのワークショップを用いる。5.2では「モチベーションを育む体験のデザイン」というテーマのワークショップを題材として、事例収集の方法を説明する。

⑤.1 事例の役割：ワークショップ「農業の未来」

　事例の収集方法を論ずるためには、まず事例の役割を理解することが必要である。本節では、「農業の未来」をテーマにしたアナロジー思考によるワークショップを例に取り上げ、事例の役割を理解する。このワークショップでは、消費者の情報を収集して生産者に届ける新しくて有効な手段のアイディアを発想する。農業を対象に選んだのは、今後大きなイノベーションが期待される領域だからだ。アナロジー思考アプローチを採用したのは、農業以外の分野で消費者の情報を収集して生産者に届ける画期的な手段が存在しており、農業の分野に応用できると考えたからである。

（1）ワークショップの内容

　農業はイノベーションの機会領域だ。アグリテックと呼ばれているが、ICT、IoT、ビッグデータ、AI、ドローン、ロボット技術、自動運転など、農業には最先端技術が適用されつつある。その一方で、農家数の減少、大規模農家の増加、耕作放棄地の有効利用といった社会的課題も多く、かつ TPP の導入、農協改革、農地法改正など社会制度の変化の可能性もあり、農業には大きなイノベーションの機会がある。

　ワークショップのテーマを設定するのはファシリテーター（ワークショップの設計者）の重要な役割である。テーマの良し悪しによってワークショップの成否は左右される。第4章4.1（1）a）「ワークショップのテーマ」で述べた通り、テーマに関する基本的な考え方は存在するが、経験的な部分が多い。このワークショップでは次のようにテーマを設定した。ワークショップのテーマを設定するために、農業のどこにフォーカスを当てるか考える。アグリテックの分野は、既に多くの人が取り組んでいるので、新規性が生まれるワークショップを設計するのは難しい。最先端技術を使うことによる新規性ではなく、食と農業に対する人々の意識の多様化に注目する。すなわち、人によっては、教育という視点で農業を考える人もいれば、観光という視点から考える人もいる。自分のセカンドライフで農業を捉える人もいるし、健康、老化防止といった観点から食と農業を考える人もいる。

　このように消費者の農業に対するニーズは多様化している。このような背景を踏まえて、最先端技術を活用して何でも作れるようになった農業生産者が、何を作ったらいいか分かるのだろうかと考えた。多様化した消費者のニーズを把握す

ることは容易ではなく、そのための有効な手段が揃っているわけではないことから、「消費者のニーズに関する情報を生産者に提供する手段」には可能性があると考え、ワークショップのテーマとして設定した。

本ワークショップのゴールは、消費者のニーズに関する情報を生産者または事業者に提供する手段、新しくてインパクト（効果、影響力）の大きい手段を考えることだ。

消費者のニーズに関する情報を生産者または事業者に提供する手段の例を示しておこう。有機・無添加食品の宅配を行うオイシックス・ラ・大地は会員制宅配なので、顧客の声は簡単に手に入る。社内メールなども使用し、顧客の声をリアルタイムで関係各部署に送るとともに、農家やバイヤーにも送り、彼らのモチベーションを高めている。オイシックス・ラ・大地の「お客さまの声」は、「消費者の情報を生産者に提供する手段」の典型的な例だ。

一方、オイシックス・ラ・大地には Future Food Fund という CVC（コーポレートベンチャーキャピタル）があり、顧客購買データに基づき将来伸びると思われる分野に投資している。生産者に対しても、こういう投資をするので、こうい

図 5-1
アイディア発想までのワークシートと作業手順

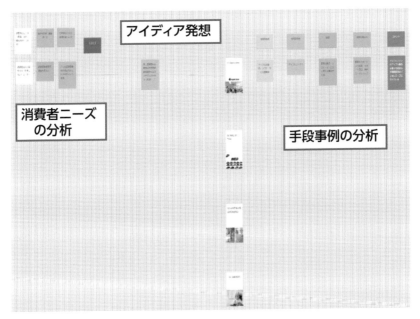

うものを作りませんか、と提案している。この Future Food Fund も、消費者の情報を生産者に伝えるひとつの手段と言える。

本ワークショップでは、まず、**図 5-1** のワークシートの左側で①消費者ニーズの分析を行い、右側で②手段事例の分析を行って、最後に中間で③アナロジー思考によりアイディアを発想する。

最初の①消費者ニーズの分析では、農業に関わる消費者のニーズ、すなわち人々が農業に対してどういう意識、志向、意味づけを持っているかを考える。自分の老後に田舎で農業をやるとか、子供の教育のために食育、農業体験をさせたいなど、様々なニーズ（求めるもの、こと、価値）がある（**図 5-2**）。

例として、「超健康志向で自炊しかせず外食しないエクストリームなユーザー」を想定する。今は少ないかもしれないが、未来社会には増えることが予想される事例だ。超健康志向なので、世の中に出回っている健康食品では満足できず、自ら食材を選び、自ら自炊し、食を楽しむ。そういう人たちに食材を提供する生産者・事業者（緑のノート）は、「超健康食材専門農業生産法人」。そういう生産者が知りたい情報（青のノート）は、「どんな超健康食材が求められているのか」ということ。それら超健康志向の人たちが何を求めているかを事業者、生産者が知るのは簡単ではないので、そのための手段を考える。

図 5-2
消費者ニーズの分析

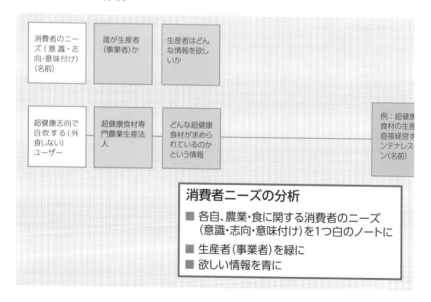

図 5-3
手段事例の分析

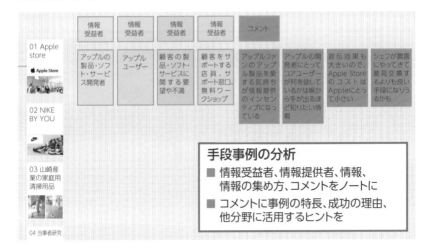

まず、個人ワークで、未来社会における農業・食に関する消費者ニーズとして、どんなものがあるか考える。そして、それに対応する事業者は誰で、その事業者が必要とする情報は何かをあげていく。そして、チームの中で、それぞれの考えを紹介する。

その後、ワークシート右側の手段分析に移る（図5-3）。

消費者の情報を生産者に伝える手段の事例として図5-4〜7の4つの事例を分析する。この4事例は、次節で説明する事例収集方法によって収集し、選択したものである。

これらの事例を分析する。分析の例としてアップルストアの分析結果を示す（図5-8）。

・情報受益者：アップルの製品、ソフト、サービスの開発者
・情報提供者：アップルユーザー
・情報：伝えられている情報は、顧客の製品、ソフト、サービスに関する要望や不満
・情報の集め方：顧客をサポートする店員、サポート窓口、無料ワークショップなど

この右側に、手段の特徴や、なぜこのアップルストアが成功しているのか、と

①アップルストア

図 5-4

アップルストアの事例資料

01	**Apple Store**

　Apple　Storeは、アップルが直営する販売店および技術サポート拠点である。その効率性を度外視した洗練された空間で顧客はアップルの世界観を直接体感できる。

　Apple　Storeは顧客と直接接することで顧客が何に困っているのか把握できる場となっている。例えば製品売り場に顧客をサポートする店員を配置し、顧客の相談を受けやすくしている。また技術サポートの窓口であるGenius Barでは、アップル製品で起きた問題・相談・修理をス

タッフが顧客と一対一できめ細かく対応している。また無料のワークショップを開き,アップル製品やサービスの使いこなし方をレクチャーする場を設けている。

　このようにアップルは販売店・技術サポート拠点を直接運営することで顧客の要望や不満を自社の製品・ソフトウェア・サービスに反映することができる。

出所URL
https://ja.wikipedia.org/wiki/Apple_Store
https://www.apple.com/jp/retail/omotesando/
http://dd.fmschmitt.com/travels/USA/NewYorkJune2006/Apple.pdf

② NIKE BY YOU

図 5-5　NIKE BY YOU の事例資料

02	**NIKE BY YOU**

　NIKE BY YOU(旧NIKEiD)はNIKEの靴のデザインを消費者がカスタマイズできるサービス。

　カスタマイズ対象となっている数十種類の靴について、その靴紐、ミッドソール、ロゴ、ボトム、など決められたパーツの色や素材を消費者はweb上から選び注文することができる。組み合わせの通りは100億通り以上。幾つかの店舗では、実際にサンプルシューズや素材見本を触りながらカスタマイズすることもできる。

　個人の細かい嗜好に合わせて世界に一つだ

けの靴を作れることで、消費者はNikeの靴にさらに愛着を持つことができる。また、作られた靴はさらには大切な人へのお贈りものとして用いられたりもする。

　一般的にこのような仕組みによって、消費者がどのような色や素材を選んだかの情報を知ることができ、そこから得られる消費者嗜好のトレンドはその後の商品開発に活かすこともできるだろう。

出所URL
https://www.nike.com/nike-by-you
https://www.fashionsnap.com/article/custom/

③山崎産業の家庭用清掃用品
図5-6　山崎産業の家庭用清掃用品の事例資料

03	山崎産業の家庭用清掃用品

　山崎産業はCONDORというブランドを持つ清掃用品メーカーである。住宅向けの一般家庭品から、オフィスや病院向けの業務用環境用品まで、用途レベルに合わせた清掃用品を提供している。

　業務用品部では、営業や調査を通じてプロユーザーの声を収集し、それらをもとに製品開発・改良を行なっている。これにより、プロユーザーは独自の使用目的やシチュエーションに合わせた清掃用品を手にすることができる。

　さらに、これらの業務用品開発で得られた知見や技術は家庭用品開発にも応用され数々のヒット商品を生み出している。最近では、高度な衛生管理が求められる医療現場の業務用品開発で培った技術を用いて、高性能な商品を求める一般ユーザーのニーズに応えた家庭用の抗菌加工清掃用品「2989JP+」を開発した。

　山崎産業の事例は、一般ユーザーの潜在的なニーズを知るために、プロユーザーのニーズを活用する方法が有効であることを示唆している。

出所URL
http://www.yamazaki-sangyo.co.jp/division/home/cleaning.html
http://www.yamazaki-sangyo.co.jp/corporate/index.html
http://www.2989.jp/concept.html

④当事者研究
図5-7　当事者研究の事例資料

04	当事者研究

　当事者研究とは、東京大学先端科学技術研究センターの熊谷晋一郎准教授がその第一人者として有名な研究手法であり、障害や病気などの困りごとを抱える当事者が似た経験を持つ仲間とともに、困りごとを研究対象として捉え直し、困りごとの解釈や対処法について自ら研究するものである。

　当事者は当事者同士のコミュニケーションを通じて、前向きな気持ちになると共に、言語化しにくくまだ名前もつけられていない困りごとを言語化し自分や周りの世界への理解を構築することができる。一般には理解され難いニーズ・悩みを持つ当事者間だからこそ生じる心理的安全性が他の人には語らない情報を共有することにつながっている。また、共有された情報も当事者間だからこそ理解できることも多い。

　当事者間の対話によって明らかになった彼らのニーズは研究成果として発表され、非当事者である一般の人々にも広まっていく。

出所URL
https://www.rcast.u-tokyo.ac.jp/ja/research/people/staff-kumagaya_shinichiro.html
https://www.mugendai-web.jp/archives/8758

いったコメントを書く。このアップルストアの例を、農業・食に応用するとしたら、どういう風に応用できるか考えながら、ヒントになりそうなことを書いていく（**図5-9**）。

図 5-8
アップルストアの事例分析

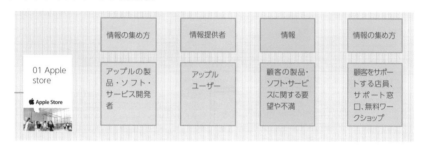

- アップルファンのアップル製品を愛する気持ちが情報提供のインセンティブになっている
- アップルの開発者にとってコアユーザーが何を欲しているかは喉から手が出るほど知りたい情報
- 宣伝効果も大きいので、アップルストアのコストはアップルにとって小さい
- シェフが農園にやってきて意見交換するよりも、良い手段になりうる

　同様に、NIKE BY YOU、山崎産業の家庭用清掃用品、当事者研究についても分析する。
　その後、個人ワークで、左のニーズと掛け合わせて、アイディア発想をする。「消費者の情報を生産者に伝える」際の生産者とは、必ずしも食材を生産する農

図 5-9
アナロジー思考のヒントとなるコメント

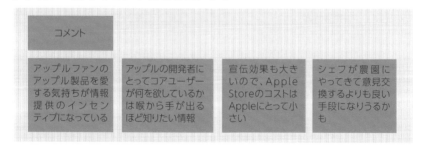

業生産者だけではなく、観光農業を提供する事業者、農業を通じて教育を行う教育事業者、あるいはセカンドライフとして農業を考えるシニアに農地を提供する事業者、さらには農業が得意でない素人に道具を貸したりノウハウを伝えたりするコンサルティングサービスをする事業者など、幅広く考える。

アイディア発想にあたっては、発想されるアイディアのサンプルを示すことが有効である。サンプルは必ずしも優れたアイディアである必要はなく、アイディアを発想するやり方が理解されるように準備する。本ワークショップではアナロジー思考によってアイディアを発想するので、アナロジーの使い方を示すことが重要である。

サンプルとして準備したのは、アップルストアのアナロジーである「超健康志向食材の生産者が直接経営するアンテナレストラン」というアイディアだ。生産者自ら経営するレストランであれば、信頼して客が来てくれる。どの食材がどのように超健康志向なのか、どう調理したらよいのかなど、直接説明を聞けることから、購買意欲も高まる。このようなアンテナレストランは、超健康志向の消費者がどういうものを欲しがっているか教えてくれるだけでなく、生産者が作っている超健康志向の食材を販売・宣伝することもできる。

アイディア発想をした後に、アナロジー・テーブルを使って、アナロジーが成立しているかを確認する。

アナロジー・テーブルとはアナロジーを確認するためのものだ。アナロジー・テーブルを作って類似性を確認する。類似性には、表層的類似性と構造的類似性があり、表層的類似性が低く、構造的類似性が高ければイノベーティブなアイディアになる可能性が高い。構造的類似性を担保するのがこのアナロジー・テーブルだ。構造的類似性が高いということは、参考にする元の事例における仕組みや関係性が、現在考えている領域で活かされているということだ。表層的類似性が高いと、誰でも思いつくようなありふれた事例に感じられるが、表層的類似性が低いと、その分野では全く新しい方法に感じられるため、アイディアの新規性が高く評価される。

アナロジー事例で何度も紹介する、Amazonと回転寿司の事例のアナロジー・テーブルが図 5-10となる。2つの事例をビジネス形態、価値創出のメカニズム、提供価値、データ取得方法、データ提供の動機という項目で比較している。

今回サンプルとして示した、「超健康志向食材の経営者が直接経営するアンテナレストラン」とアップルストアとの間でアナロジーが成立しているかどうかを、アナロジー・テーブルを使って確認する（図5-11）。

図 5-10

アナロジー・テーブルによるアナロジーの成立性の確認

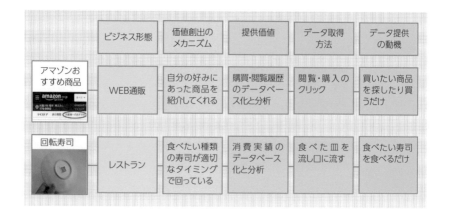

	ビジネス形態	価値創出の メカニズム	提供価値	データ取得 方法	データ提供 の動機
アマゾンお すすめ商品	WEB通販	自分の好みに あった商品を 紹介してくれる	購買・閲覧履歴 のデータベー ス化と分析	閲覧・購入の クリック	買いたい商品 を探したり買 うだけ
回転寿司	レストラン	食べたい種類 の寿司が適切 なタイミング で回っている	消費実績の データベース 化と分析	食べた皿を 流し口に流す	食べたい寿司 を食べるだけ

　情報提供者、情報受益者、情報、情報の集め方を比較すれば両者の間にアナロジーが成立していることが確認できる。アップルストアに関するコメントには、この手段の特長や、この手段がうまく機能する理由等が記載してある。これらを参考に、「超健康志向食材の経営者が直接経営するアンテナレストラン」というアイディアが持ちうる特長やうまく機能するための条件等を以下のようにコメントしていく。

- ・超健康志向のユーザーのこだわりが来店のインセンティブに
- ・超健康志向のユーザーが何を求めているのかを知るのは容易ではない
- ・レストランの収支がある程度マイナスでも、情報取得と食材購入増につながればOK
- ・手の届かないユーザーを引き寄せる効果は大

　第3章3.1（7）「ワークショップ後半の試行錯誤最適化：PDCA サイクル」で説明した通り、アナロジー思考のワークショップは、1回目から良いアイディアが生まれるということはめったにない。PDCA（Plan-Do-Check-Act）サイクルを回し、試行錯誤を繰り返し、総括分析を行い、さらに再試行の設計するというプロセスを何度も繰り返すことによって、より良いアイディアを発想する。このとき、ワークショップの課題は、そのアイディアがよいアナロジーになっているかどうかだ。そこで、このアナロジー・テーブルで確認することが重要になっ

図 5-11

発想したアイディアと事例とのアナロジーの成立性の確認

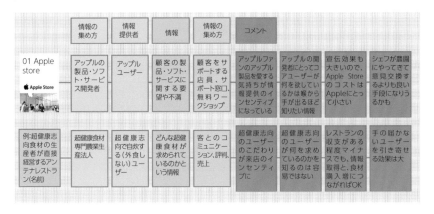

	情報の集め方	情報提供者	情報	情報の集め方	コメント			
01 Apple store ■ Apple Store	アップルの製品・ソフト・サービス開発者	アップルユーザー	顧客の製品・ソフト・サービスに関する要望や不満	顧客をサポートする店員、サポート窓口、無料ワークショップ	アップルファンのアップル製品を愛する気持ちが情報提供のインセンティブになっている	アップルの開発者にとってこのユーザーが何を欲しているかは喉から手が出るほど知りたい情報	宣伝効果も大きいので、Apple StoreのコストはAppleにとって小さい	シェフが農園にやってきて意見交換するよりも良い手段になりうるかも
例:超健康志向食材の生産者が直接経営するアンテナレストラン(名前)	超健康食材専門農業生産法人	超健康志向で目炊する(外食しない)ユーザー	どんな超健康食材が求められているのかという情報	客とのコミュニケーション、評判、売上	超健康志向のユーザーのこだわりが来店のインセンティブに	超健康志向のユーザーが何を求めているのかを知るのは容易ではない	レストランの収支がある程度マイナスでも顧客取得と、食材購入増につながればOK	手の届かないユーザーを引き寄せる効果は大

てくる。アナロジー・テーブルを作っておくと、2巡目、3巡目のPDCAサイクルのときに、1巡目に作ったアナロジー・テーブルが役に立つ。

（2）事例の役割

　以上のワークショップ事例より、アナロジー思考によるアイディア発想における事例の果たす役割が明らかとなる。事例の役割は、ワークショップで対象とする領域（例では食や農業）において所定の目的（例では超健康志向の人が求める食材等に関する情報を取得すること）を果たす手段の発想を支援することにある。

　事例がその役割を果たすためには、求められる機能と類似の機能を持つ別領域における手段でなくてはならない。アナロジー思考によるアイディア発想では、構造的類似性が高く、表層的類似性が低いことが求められる。構造的類似性が高いとは、事例の手段と発想されるアイディアの手段の間の機能上の類似性が高いことを意味している。表層的類似性が低いとは、両手段の領域が遠いことを意味している。示した例では、食や農業と電子機器のアップルとでは領域間の距離が大きく、表層的類似性が低いと言える。

　アナロジー思考で良いアイディアを発想するためには、当然アナロジー思考のトレーニングを積み重ねなければならないが、これはアナロジー思考のためにどのような事例を準備するかによっても決まってくる。有効な仕組みを持った事例をどうやって集めるか、しかもそれが現在アイディア発想をしようと思う領域に転用することが可能であり、かつ、非常に良いアイディア発想になる、そのような見込みのある事例をどうやって探すかがとても大切だ。そのためにも、アナロ

ジー・テーブルを作って、アナロジーが成り立っているかどうか考えるトレーニングを積むことは、自身がアイディアをアナロジーで発想できるようになるだけでなく、良い事例を集めるトレーニングにもなる。

　それでは、どのようにアナロジー事例を収集したらいいのだろうか。ここでのテーマ、「消費者の情報を生産者に提供する手段」の構造的類似性を把握するには、このテーマを上位概念化して、その仕組みを理解することが重要だ。

　オイシックス・ラ・大地の例で言えば、「お客さまの声」というのは、表層的類似性が極めて高い手段だ。「お客さまの声」は、既にいろいろな領域で存在している手段なので、これより新しいものを考えるためのベーシックな手段事例として位置づける。一方、オイシックス・ラ・大地の Future Food Fund の事例は、一見するとこれが消費者の情報を生産者に伝える手段とは考えにくい。しかし、よく考えてみると、それは消費者の情報を生産者に伝える手段になっている。

　同様に、ナイキの事例は非常に分かりやすい事例だが、山崎産業、当事者研究の事例は、関連する手段としてはなかなか思いつかない事例だ。このように意図的に遠い事例を持ってきてアイディア発想をすると、より新規性の高いアイディアにつながりやすい。

　次節では、そのような役割を果たす事例を収集する方法を、ワークショップ「モチベーションを育む体験のデザイン」を例に取り上げ、説明する。

⑤.2 事例収集方法：ワークショップ 「モチベーションを育む体験のデザイン」

　前節では、「農業の未来」というテーマのワークショップを例として、アナロジー思考によりアイディア発想をするときに、事例（手段事例、アナロジー事例）が果たす役割を明らかにした。本節ではワークショップ「モチベーションを育む体験のデザイン」を題材として、事例収集の方法を説明する。

（１）アナロジー思考アプローチの事例収集方法
　アナロジー思考アプローチの事例は以下の手順で収集する。

① ワークショップで生み出す手段が果たす目的を明確にする。
② その目的を果たす手段の機能を明確にする。
③ その機能を果たす他分野における手段事例を収集する。
④ 手段事例を分析し、機能を発揮する仕組みをパターン分類（カテゴリー化）

する。

⑤ 機能を発揮する仕組みの網羅性、各事例の領域と対象とする領域の距離を勘案して、事例の追加、採用する事例の選択を行う。

　以上の手順をワークショップ事例について具体的に示す。

① ワークショップで生み出す手段が果たす目的を明確にする。

　ワークショップ「モチベーションを育む体験のデザイン」では、ワークショップで生み出す手段は体験であり、手段が果たす目的はモチベーションを育む（高める）ことである。モチベーションとは動機を与えること、動機づけであり、動機づけとは、人を行動に駆り立てることを指す。すなわち、行動に駆り立てるきっかけを与えることが、体験が果たす目的である。

② その目的を果たす手段の機能を明確にする。

　行動に駆り立てるきっかけを与える体験の機能は単純ではない。動機づけは心理学における重要な研究対象であり、本能論、生理学的動機づけ理論、認知的動機づけ理論、人間的動機づけ理論などが存在する。ここではそうした学術的知見に立脚するアプローチは採らない。むしろ③、④のように具体的な事例を分析することにより体験の機能を整理するというアプローチから、ワークショップで用いる事例を選定する。

　②の段階では、行動に駆り立てるきっかけを与える体験の機能は、体験が「衝撃的だった」という発話に代表されるような認知的な変化を与え、「看過できない」という言葉で表されるような問題意識の惹起や態度変容を促し、行動変容につながるといった心理的プロセスであると定義しておく。

　③〜⑤については事例収集ワークショップとしてグループで作業することが有効である。様々な分野における事例を収集するためには、作業に協力するメンバーの多様性が重要な役割を果たす。

　以下では、具体的にどのように事例収集ワークショップを進めるかを示す。

（2）事例収集ワークショップの内容

a）ワークショップ・アウトプットのサンプル

　ワークショップのアウトプットは「行動に駆り立てるきっかけを与える体験」であるが、具体例を示して共通理解を築くことが重要である。アウトプットのサンプルとして、i.school のサマープログラム、TISP（Tokyo Innovation Summer Program）を紹介する。

　TISP は、2013年から毎年行っているサマープログラムで、カリフォルニア大学バークレー校、オックスフォード大学、スタンフォード大学、ハーバード大学、

図5-12

Tokyo Innovation Summer Program (TISP) の修了式

清華大学など海外から多くの応募があった（2020年からはコロナ禍のため形態を変更）。その中から30名を選び、日本人大学生30名と約2週間にわたる英語プログラムを実施。東京で1週間、その後、他の地域に移動して1週間、現地の高校生とワークショップを実施する。大学生が高校生をガイドし、最後のプレゼンテーションは高校生が発表する。

　最初、高校生たちはガチガチに緊張しているが、ワークショップを通じて徐々に本領を発揮し、最後には笑顔が弾け、自分たちにこんなことができるとは思わなかった、と感動する。大学生たちも、自分たちがこんなに高校生を変えることができるのかと驚く。社会を変えるなどということは考えたこともなかったが、高校生が変わっていく姿を見て、自分たちにも何かできるのではないかと自信を持つ。このように TISP は、モチベーションを高める体験を提供している事例だ。

b）サンプル事例の分析

　アナロジー思考の基となるモチベーションを高めた体験の事例を収集するために、まずサンプル事例を分析する。サンプル事例として、隠岐島前高等学校の改革を行った岩本悠氏の事例（**図5-13**）を取り上げる。

　この事例を以下のように分析し、APISNOTE のワークシートにノートを上げていく（**図5-14**）。

図 5-13

隠岐島前高等学校の改革を行った岩本悠氏の事例

岩本悠:廃校寸前の高校を全国から生徒が集まる学校に生まれ変わらせた移住者

概要

▶ 隠岐島前高校魅力化プロジェクトにより廃校寸前だった高校が全国から生徒を集める高校に生まれ変わった。全国から多彩な能力・意欲を持った高校生が集まり、島の高校生と切磋琢磨して互いに刺激を与えながら成長し、まちづくりをやりながら自分の好きなこと得意なことを活かして地域・社会に貢献してゆく力を身につけて巣立ってゆく。

▶ そんな変革を起こしたのはソニーを退社し、島に移り住んだ岩本悠さんだ。出前授業の依頼を受けて初めて島を訪れ、飲み会の席で島の課題を知る。島唯一の高校が潰れそうだ。高校がなくなったら若者は島を出て少子化に歯止めがかからなくなる。ああしたらいい、こうしたらいいと語るうち、ここに来てやってくれと頼まれた。気がついたら島に来ていた。

▶ 移住は大きな決断ではなかった。ここの課題は日本の最先端、ここでのチャレンジが日本の未来を切り開いてゆく、ひとつのモデルを示せると考えた。

▶ 教育に興味を持ったきっかけは、20歳のころ海外を放浪、途上国を回って、死体を焼く、サバンナで医師と一緒に回ってワクチンを打つなど、いろいろなことを体験したことにある。
学びの毎日、こんなに人っ入てモノの味方、考え方、自分自身が変化するのを感じて、人間て変われることを知り、人が変わる、成長する面白さを味わった。多くの人に学びの場を提供して、人が変われば社会が変わると考えた。

▶ しかし、島に移って3年間は苦しい時間だった。カタカナ言葉ばかりを喋りまくる岩本さんに耳を傾ける人は少なく、情熱が空回りし、孤立が深まった。誰もが直ぐに諦めると思っていたが、岩本さんは挫けなかった。信念を語り続け、いろいろなところに顔を出した。やがてその真剣さが人々の心を動かし始め、最後には皆を巻き込み、チャレンジする地域に変わっていった。

出所URL
http://www.nijinet.or.jp/Portals/0/pdf/publishing/shima/248/shima_248_05.pdf

© i.school/JSIC

　事例タイトル「岩本悠:隠岐島前高校の改革」の右側に、体験・生じた感情「海外を放浪、様々なことを経験、自分自身が変化する体験から、人が変わる、成長する面白さを味わった」を白のノートに、生まれた考え・思い、行動の理由・原理・原動力「多くの人に学びの場を提供して、人が変われば社会が変わると考えた」をグレーのノートに記入する。

c) 事例の収集、分析
　サンプル事例を参考に、モチベーションを高めた体験の事例を収集する。その後、持ち寄った事例を同様に分析していく。各事例を分析する上で、参考になる情報を以下にいくつか提示する。
　モチベーションを左右する主要なファクターには以下の4つの種類がある（『モティベーションをまなぶ12の理論：ゼロからわかる「やる気の心理学」入門!』鹿毛雅治編、金剛、2012年）。

① 欲求＝行動を引き起こし方向づけていく心理的要因
　生理的欲求、自己実現欲求、達成欲求、自尊欲求（肯定的な自己イメージを確立・維持したい）

図 5-14

モチベーションを高めた体験の事例の分析例

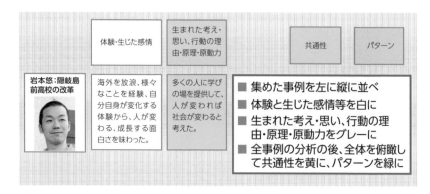

② 感情

情動、興味、フロー（flow＝人間がそのときしていることに完全に浸り、精力的に集中している感覚によって特徴づけられ、完全にのめり込んでいて、その過程が活発さにおいて成功しているような活動における、精神的な状態）

③ 認知

価値、行為やその結果にいかなる意味や意義を見出しているのか

以上３つが個人内の要因で、その他に④環境がある。

④ 環境

他者との関わり、報酬システム、達成すべき課題の種類、社会規範、物理的環境

　岩本悠氏の事例では、自分が成長したことを実感し、面白いと感じた情動がモチベーションとなっている。それに社会を変えることができるという認知が加わって、モチベーションが強化されたと解釈できる。収集した事例を分析する上で、このような知見は参考になる。

　また、価値の構造に関する研究によれば、価値＝良い性質は以下の６種類に分類することができる。

① 知的価値：真理の探求、分からないことが分かること

② 経済的価値：便利になる、豊かになる、快適になること

③ 審美的価値：美しいもの

④ 宗教的価値：壮大な風景を眺めて神を感じる、自然の素晴らしさなど
⑤ 社会的価値：社会にとって良いことは自分にとっても良いこと、他人に良く
　　することは自分にとっても良いこと
⑥ 政治的価値：人を従える、自分がリードして社会を変えていくこと

　岩本悠氏の事例では、社会的価値がモチベーションの源泉となっている。他者
が成長して面白いと感じることが社会を変えることにつながるという信念が形成
されたことが、モチベーションが高まった理由であろう。社会的価値がなければ、
生まれ故郷でもなく、母校でもない高校の改革にエネルギーを費やすことはなか
ったものと思われる。
　収集された事例（5.3（1）「モチベーションを高めた体験の事例集」参照）を
以下のように分析する。分析の仕方としては、サンプルで示したように、体験に
よって何らかの感情や認知、価値変容が生じた事例について、どんな内的変化が
起こったかを考え（白のノート）、それを通じて本人の中で生まれた考え、思い、
行動原理、行動の理由、原動力（グレーのノート）を考える。

図 5-15

収集した事例の分析

伊藤正樹: 「シェアで人生を180°変えよう」を経営理念に掲げ、様々なコンセプトのシェアハウスを運営。 	留学中、人と生活をシェアする経験、受ける刺激、そしてそれらを生み出す環境が自分の成長を感じた。	人の人生を変えられるような場を作りたい。
村上 稔:ソーシャルビジネス 「移動スーパーとくし丸」 	住民投票を実現させ、最終的に国の可動堰計画を中止に追い込んだ成功体験、達成感。絶望的な現実も変えられるという自信。	現実を変えるという思い。
岩佐十良さん:雑誌編集者の枠を超え、全国各地の魅力の再編集・ディレクションを行い地方都市や農村地域の地域活性化に尽力 	部数アップと共に紹介した店の行列はどんどん伸びていたが、ある時その列がピタっと止まったことに気づき、これからはものの本質が問われる時代になるという気付きを得た。	ものの本質を伝えるリアルメディアを実現するという思い。
茂木崇史:復興支援・事業支援 	震災をきっかけに会社を辞め、復興支援事業に取り組み、(本人がそう言っているわけではないが)自分が変わることができた、満足する生き方を見つけたと認識したのではないか。	本当はこんな生き方をしてみたかったことに気づくきっかけになる場をつくるという思い。
NTT西日本及部氏「唯一無二とも言えるキャリアを持つ社内イノベータ」	入院中、「自分は世界中の人々に支えられて生きている」と強く感じ、足が治ったら行動で感謝を示そうと考えた。	感謝を伝え、元気を与えることができる人間になるという思い。たどり着いたビジネスを通して社会に貢献するという考えの実現。
横石知二(いろどり 代表取締役) 	非常事態で町を変えるチャンスだと思い、やってみせるしかないと考えていたところに、葉っぱビジネスを思いついた。	自分のアイディア、葉っぱビジネスの成功により、町を変えるという思い。

　事例全体を見渡して、共通性と相違性を議論した上で、以下のようにパターン化（カテゴリー化）する。

図 5-16
モチベーションを高めた体験の事例のパターン化（カテゴリー化）

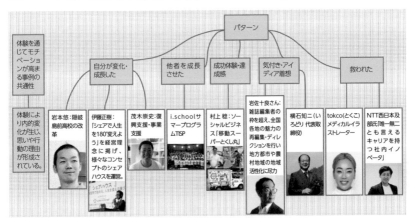

　全体に共通していることとしては、体験により内的変化が生じ、思いや行動の理由が形成されていることである。事例は、①自分が変化・成長した事例、②他者を成長させた事例、③成功体験・達成感を感じた事例、④気づき・アイディア着想の事例、⑤救われた事例、という5つのパターンに分けられる。

　このような分類をすることによって、もっとこういう事例があるはずという意見が出され、そのような事例を追加することでパターンが増えていく。パターンを構造化し整理すると、事例が体系化されて、新たな事例を探しやすくなる。

　最初に集めた事例は、モチベーションが高まった体験の事例だが、必ずしもモチベーションが高まらなくても、内的変化を生み出すような事例を追加すること

が可能となる。そのような事例における的変化によってもモチベーションを高めることができるかもしれない。モチベーションを高めた体験事例からアナロジー思考によって発想されたアイディアは表層的類似性が高く、ありきたりのアイディアにとどまるかもしれない。モチベーションに関わりのない内的変化を生じさせた事例からは、表層的類似性が低く、かつ構造的類似性が高い革新的なアイディアが発想されることが期待できる。以上が、アナロジー思考アプローチの事例収集方法である。

（3）ワークショップ「モチベーションを育む体験のデザイン」

　収集した事例を用いたワークショップ「モチベーションを育む体験のデザイン」の内容についても触れておこう。手段は体験であり、目的はモチベーションを育むことである。**図5-17**のワークシートを用いてワークショップを行う。

a）ワークショップ主催者、参加者、体験の対象者の特定

　チームごとにワークショップ主催者、参加者、体験の対象者を特定する。その上で、体験を通じて生じさせたい思いや行動の理由をグレーのノートに上げ、ワークシートの左側に縦に並べる。

図5-17
モチベーションを育む体験のアイディアを発想するためのワークシート

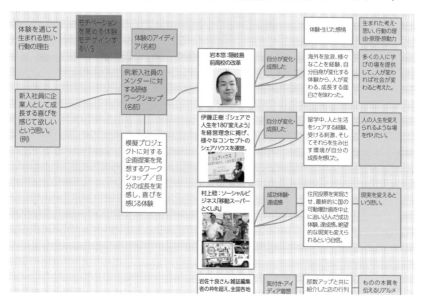

サンプルとして紹介する例では、企業の人事課長が主催し、人事課員がワークショップの参加者で、若手社員を体験の対象者とする。体験を通じて生じさせたい思いとしては、「新入社員に企業人として成長する喜びを感じてほしいという思い」を挙げた。

b）事例分析

　事例収集ワークショップで準備した事例を資料（事例集、5.3（1）「モチベーションを高めた体験の事例集」）にまとめ、事前課題としてワークショップ参加者にあらかじめ読んでもらう。事例のタイトルと画像を白のノートに挙げ、ワークシートの右側に縦に並べておく。

　サンプル事例である「岩本悠：隠岐島前高等学校の改革」の分析結果を挙げておく。それ以外の事例についてはワークショップの参加者が分析し、体験・生じた感情を白のノートに、生まれた考え・思い、行動の理由・原理・原動力をグレーのノートに記入し、縦に並べていく。事例収集ワークショップにおける分析結果と必ずしも同じになるとは限らない。

c）アイディア発想

　アイディア発想は個人ワークとして行う。モチベーションを高める体験のアイディアを薄い赤のノートに挙げ、関連する左側と右側のノートにリンクを張る。

　アイディアの例として示すサンプルは、「新入社員のメンターに対する研修ワークショップ」である。研修の内容は、模擬プロジェクトに対する企画提案を発想するワークショップであり、魅力的な企画を提案できた体験から入社以来の自分の成長を実感し、新入社員にも社会人としての成長の喜びを知ってもらいたいという思いを醸成することで、新入社員のメンターとして前向きな行動を引き起こすきっかけとすることを目指す。

　アイディア発想の後、アナロジー・テーブルを作成し、アナロジーの成立性を確認する。サンプルのアイディアの場合、アナロジー思考に用いた事例「岩本悠：隠岐島前高等学校の改革」との比較を行う。**図 5-18** に示す通り、両者の間にはアナロジーが成立していることが確認できる。

d）ワークショップのアウトプット：体験のアイディア

　以下では、ワークショップで生まれた４つのアイディアを紹介し、それぞれアナロジー・テーブルにより、アナロジーの成立性を確認する。

①大学のプロジェクトチームでなりたい姿の共通点、チームメンバーとの共通点

図 5-18
アナロジー・テーブルによるアナロジーの成立性の検証

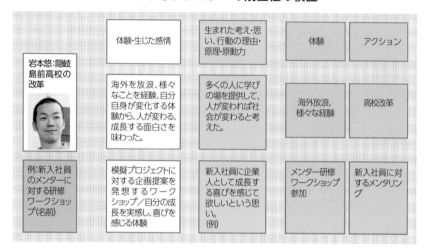

を探って活動テーマに反映するワークショップ（図5-19）

　アナロジー事例＝編集者の岩佐悠氏：ビジネスの成功に違和感を抱き、本当は自分は何を大切にしたいんだろう、と自分の中での本質を掘り下げる。

　大学のプロジェクトチームのモチベーションが低い。これを解決するために、チームメンバーのなりたい姿の共通点を探って活動テーマに反映するワークショップを発想する。自分の人生を振り返り内省することにより、自分たちが大学で何をしたかったのかをチームで共有することで、一体感が醸成され、活動テーマが決まる。

②自分史の編纂ワークショップ（図5-20）

　アナロジー事例＝茂木崇史氏の復興支援・事業支援：震災をきっかけに自分が変わることができた、満足する生き方を見つけたことにより、本当はこんな生き方をしてみたかったということに気づくきっかけとなる場をつくりたい。

　自分史の編纂を発想。自分のルーツを知り、それをチーム内でシェアし、自分はこういう人間だということを認識してもらい、チームとの信頼感を醸成する。自分の原動力は何かを知り、新規事業への思いを強化する。

③憧れの人の生き方、サクセスストーリーを追体験できるワークショップ（**図5-21**）

アナロジー事例＝茂木崇史氏の復興支援・事業支援

　一定の期間、憧れの人になりきって生活し、その人の成功体験などを疑似体験する。自分もいつかは憧れていた人になれる、という思いからモチベーションが高まる。そもそも成功とはどんなものかを実感するとともに、わがこととして捉えるきっかけにする。

④実際の社員に問い合わせをしながら定められた目的地に到達するオリエンテーリング式インターンシップ・ワークショップ（図5-22）

　アナロジー事例＝tokco（とくこ）氏：摂食障害で苦しい思いをする中、医師からイラストで分かりやすく治療方法の説明を受け、救われた。

　目的地を目指す中で鉄道会社社員に救われる体験の発想。鉄道会社社員から路線、到着時刻、乗り換えなどの情報を得ながら複数の路線のチェックポイントを通過して目的地を目指すオリエンテーリング。鉄道会社に対するするロイヤリティーを高めるとともに、就職先企業としての魅力を訴える。

⑤不自由体験ワークショップ（図5-23）

　アナロジー事例＝及部一堯氏：スポーツ枠で入社したにもかかわらず、骨折。

図 5-19

アナロジー成立性の検証：大学のプロジェクトチームの活動テーマ設定ワークショップ

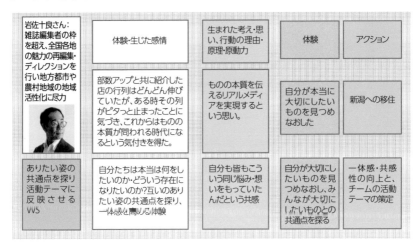

図 5-20

アナロジー成立性の検証：自分史の編纂ワークショップ

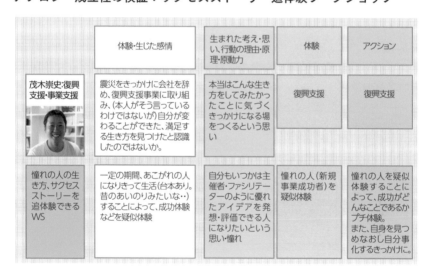

	体験・生じた感情	生まれた考え・思い、行動の理由・原理・原動力	体験	アクション
茂木崇史：復興支援・事業支援	震災をきっかけに会社を辞め、復興支援事業に取り組み、(本人がそう言っているわけではないが)自分が変わることができた、満足する生き方を見つけたと認識したのではないか。	本当はこんな生き方をしてみたかったことに気づくきっかけになる場をつくるという思い	復興支援	復興支援
自分史の編纂WS	年代ごとに自分の体験を思い出して、何が強烈に印象に残っているかを記述。自分の源を知る。そしてそれをシェアし、チームとの信頼感を醸成	自分に大きく影響を与えた体験が何かを知る。自分の原動力とは何か？	過去の印象的な体験(ex.海外留学、ボランティアなど)	新規事業への思い入れ強化

図 5-21

アナロジー成立性の検証：サクセスストーリー追体験ワークショップ

	体験・生じた感情	生まれた考え・思い、行動の理由・原理・原動力	体験	アクション
茂木崇史：復興支援・事業支援	震災をきっかけに会社を辞め、復興支援事業に取り組み、(本人がそう言っているわけではないが)自分が変わることができた、満足す生き方を見つけたと認識したのではないか。	本当はこんな生き方をしてみたかったことに気づくきっかけになる場をつくるという思い	復興支援	復興支援
憧れの人の生き方、サクセスストーリーを追体験できるWS	一定の期間、あこがれの人になりきって生活(台本あり。昔のあいのりみたいな‥)することによって、成功体験などを疑似体験	自分もいつかは主催者・ファシリテーターのように優れたアイデアを発想・評価できる人になりたいという思い・憧れ	憧れの人(新規事業成功者)を疑似体験	憧れの人を疑似体験することによって、成功がどんなことであるかプチ体験。また、自身を見つめなおし自分事化するきっかけに。

図 5-22

アナロジー成立性の検証：オリエンテーリング式インターンシップ・ワークショップ

	体験・生じた感情	生まれた考え・思い、行動の理由・原理・原動力	体験	アクション
tokco(とくこ)メディカルイラストレーター 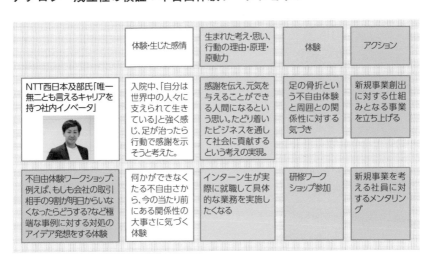	摂食障害で苦しい思いをするなか、医師からイラストでわかりやすく治療方法の説明を受け、救われた。	メディカルイラストレーターとして医療を正しく、わかりやすく伝えたいという思い。	摂食障害で苦しい思いをする中イラストで救われる	メディカルイラストレーターになる
鉄道会社社員に聞き込みしながら定められた目的地を目指すオリエンテーリング	鉄道会社社員にのみ聞き込みが可能。業務にかかわる様々なサポート(路線、到着時刻、乗り換えなど)を得ながら複数のJR路線のチェックポイントを通過して目的地を目指す。	インターン生が実際に就職して具体的な業務を実施したくなる	目的地を目指す苦労の中でJR社員に救われる	鉄道会社社員になりたくなる、実際になる

図 5-23

アナロジー成立性の検証：不自由体験ワークショップ

	体験・生じた感情	生まれた考え・思い、行動の理由・原理・原動力	体験	アクション
NTT西日本及部氏「唯一無二とも言えるキャリアを持つ社内イノベータ」	入院中、「自分は世界中の人々に支えられて生きている」と強く感じ、足が治ったら行動で感謝を示そうと考えた。	感謝を伝え、元気を与えることができる人間になるという思い。たどり着いたビジネスを通じて社会に貢献するという考えの実現。	足の骨折という不自由体験と周囲との関係性に対する気づき	新規事業創出に対する仕組みとなる事業を立ち上げる
不自由体験ワークショップ：例えば、もしも会社の取引相手の9割が明日からいなくなったらどうする?など極端な事例に対する対処のアイデア発想をする体験	何かができなくたる不自由さから、今の当たり前にある関係性の大事さに気づく体験	インターン生が実際に就職して具体的な業務を実施したくなる	研修ワークショップ参加	新規事業を考える社員に対するメンタリング

周りに感謝し、何度も立ち上がって、会社での自分の足場をつくっていくという経験。

　突然、腕が動かなくなったり、会社の取引先がなくなったりといった極端な事例を考える。お互いの不自由さを話し合うことにより、今の当たり前にある関係性の大切さに気づく。

(5.3) 事例集

　前節ではアナロジー思考アプローチのワークショップで用いる事例の収集方法を説明した。本節では、収集された事例集を収録する。具体的にどのような事例が集められたのかを知ることは、新たな事例の収集にも必要であるし、この事例集を用いて本書で紹介するワークショップを実際に実施することにもできよう。

（1）モチベーションを高めた体験の事例集

　まず、前節のモチベーションを高めた体験の事例集を紹介する。

伊藤正樹:
「シェアで人生を180°変えよう」を経営理念に掲げ、様々なコンセプトのシェアハウスを運営

コワーキングスペース付シェアハウス

アウトドアシェアハウス

英会話シェアハウス

創業5周年イベント

- ▶ SHAREHOUSE180°は名古屋を拠点とし、様々なコンセプトのシェアハウスを運営している。「シェアハウス」という名称は、共用（シェア）の住居という意味に留まらず、時間を共有し、想いを共有する。それは、人生を共有すること、出会った人たちと人生を共有することで、新しい刺激が生まれ、人生が180°変化する。そんな場を作るという理念を持っている。

- ▶ 人・場所・仕事の3つに悩んでいる人がいたら、手伝いたいという強い思いがある。シェアハウスの中で、それら3つを全部繋げて、社会を成長させていきたい。シェアハウスの社会貢献は、人と人とが出会って成長していく場所や機会をつくることにある。

- ▶ 会社を立ち上げる原体験になったのは大学時代に経験した海外留学。3ヶ月ほどニューヨークの語学学校へ通いながら、外国人の学生と共同生活をした。ルームメイトはカザフスタンから国費留学生、クラスメイトにはチェコのプロスノーボーダー、同じ学校には韓国人アイドル。多様な人から大変刺激を受けた。人と生活をシェアする経験から受けた刺激、そしてそれらを生み出す環境が自分を大きく成長させてくれた。

- ▶ その経験から、関わる人の人生を変えられるような場を作りたいと考え、いきついたのが「シェアハウス」だった。人生が変わる時には、「人」「場所」「仕事」の3つの要素が関係すると考えている。どんな人と暮らし、どんな場所に住み、どんな仕事をするかが重要だと思う。何かをしようとしたら、住む家に仲間がいればいいと考え起業した。

- ▶ 20代後半、メーカーの営業をしていたが、自分の前には決められたレールが敷かれていて、5年後、10年後の姿が安易に想像できた。プロジェクトも長いスパンで動き、4年で一回転してやっと新人卒業、2回転目の8年が経てば一人前、三回転目でやっとベテランだった。自分の一度しかない人生がこれでいいのかなと考えた時に、「そうではない、長い間この会社にはいられない…」と思った。どう生きていきたいのか、何度も自分に問いかけた。「人生を楽しく生きたい、むしろ、楽しくなくちゃ価値がない。」楽しいの定義は人それぞれだが、伊藤氏は人とのコミュニケーションがうまくいっている時に楽しいと感じていた。それを感じる時を想像してみると、一番に思い出されるのが学生時代に友達が遊びに来てわいわい楽しんでいる風景だった。ニューヨークで感じた瞬間だった。加えて伊藤氏は長男で実家を守る立場にもあって、週末に不動産の勉強会にも参加。不動産の面白さも知って不動産は守るだけじゃなくて、増やせないといけないんだということも知り、その2つがちょうど重なったのがシェアハウスで、これはぴったりだと決まった。

- ▶ 物件オーナーから相談を受けた時、オーナーの想い、エリア、物件の特徴などを総合的に考えてコンセプトを練る。その結果として、さまざまな特徴を持つシェアハウスが生まれた。英語をしゃべれるシェアハウスに住みたいという話からEnglishShareができたり、在宅勤務する人やフリーランスの方が増えているのでコワーキングスペース付の物件ができたり、シンプルに、お得に住めて、その余剰分を自分の好きなことに費やせるシェアハウスがあるといいな、という話からSimpleShareができた。さまざまな要素を検討し選択した結果として、バリエーションが豊富になっていった。シェアハウスのコンセプトに幅を持たせることで、入居者の方のニーズに応えている。共通の趣味を持つ方が集まりやすいのですぐに仲良くなるし、いままでシェアハウスに興味がなかった層にもリーチできていると感じる。

- ▶ 人・場所・仕事を繋げる中で、入居者の転職・婚活・起業支援などもスタート。

  出所URL:
  - ▶ https://www.sharehouse180.net/others/episode1/
  - ▶ https://www.sharehouse180.net/
  - ▶ https://www.sharehouse180.net/180%e3%82%b9%e3%82%bf%e3%83%83%e3%83%95%e7%b4%b9%e4%bb%8b/180staffmasaki/

村上稔:
1966年徳島市生まれ。会社員などを経て徳島市議会議員3期を務めたのち、ソーシャルビジネス「移動スーパーとくし丸」を創業メンバーとして起業。著書に『買い物難民対策で田舎を残す』（岩波書店）、『買い物難民を救え！移動スーパーとくし丸の挑戦』（緑風出版）など。

- ▶ 社会的な課題である買い物困難者対策として、移動スーパー事業を展開。地域スーパーの支援（委託販売）や雇用創出のほか、地域の見守り役としても活躍する新しいビジネスモデルで全国から注目が集まっている。

- ▶ (株)Tサポート代表取締役の村上稔氏は京都産大を卒業、(株)リクルート勤務等を経て、徳島市議を3期務めた。村上氏は、吉野川に巨大なダム＝可動堰を造るという国の計画に反対する市民運動をきっかけに政治の世界に入り、住民投票を実現させ、最終的に国の可動堰計画を中止に追い込んだ。村上氏は、「政治というのはけっして変えられない絶望的な現実ではなく、あくまでも現実を変えるための道具である」という信条を持っている。

- ▶ しかし常々、行政の課題が行政だけでは解決できないと感じていた。県議落選をきっかけに2012年、移動スーパーのアイデアを持ちかけてきた住友達也氏と(株)とくし丸を創業し、行政の課題である「買い物難民問題」の解決に民間の立場からソーシャルビジネスとして着手。地域スーパーと連携した移動スーパーの事業を始める。

- ▶ かつての選挙活動と同じように、住宅地図を見ながら一軒一軒を歩いてお客さんを開拓。地元の小さな商店と潰し合いにならないように半径300メートル内では営業をしないと決めている。今は全国800台、徳島県内28台を走るとくし丸も、最初の1台は村上氏自身が乗り込んだ。

- ▶ 7割が赤字になると言われている「買い物難民対策」をフランチャイズとして、販売を担当する「販売パートナー」が生活できる範囲の儲けが出るように、全ての品につき10円を利用者が負担（サービス継続のため受益者も応分の負担）と決めるなど、サービスに工夫・努力を積み重ね、全事業が黒字となった。8年間で徳島県全市町村の買い物難民問題の90％以上が解消されている。

- ▶ とくし丸が来ると人が集まる。自分で買い物ができる喜びで、井戸端会議の復活や中山間地にすむ高齢者に活気が戻った。とくし丸の販売パートナーが直接顔を合わせて販売することで、一人暮らしの高齢者の体調や、家の中の様子を知り、自然に見守り活動をするようになている。販売パートナーたちは見守りなどの勉強会を継続、徳島県や県警との見守り協定を結ぶまでになっている。

- ▶ 著書に『買い物難民対策で田舎を残す』(2020・岩波書店)、『歩く民主主義〜五万軒、歩いてわかった元気の作り方』(2018・緑風出版)、『買い物難民を救え！〜移動スーパーとくし丸の挑戦』(2014・緑風出版)、『希望を捨てない市民政治』(2013・緑風出版)など。

岩佐十良:
雑誌編集者の枠を超え、全国各地の魅力の再編集・ディレクションを行い地方都市や農村地域の地域活性化に尽力

▶ 武蔵野美大でデザインを専攻したが、周囲のすごい人とデザインやアートで競うのは難しいと悟り、独立を考え始める。大手企業の「人デにザインの才能はないから、雑誌編集をしてみたら」という誘いを受け、飛び込む。自分の想いを大勢の人に伝えることにやりがいを感じ、在学中に会社を立ち上げ、のめり込む。旅行専門雑誌『じゃらん』をはじめさまざまな雑誌を手がける。約10年後、自伝で念願のオリジナル雑誌『自遊人』創刊。無名の出版社ながら16万部を突破し大ヒット、一躍出版界の寵児に。

▶ 雑誌の広告収入が順調で年収2000万、順風満帆に思えたが、死に物狂いの部数競争の中で"当てる"ための雑誌作り(実際に体験したことがないものを素晴らしいと伝えるようなやり方)に疑問を感じる 。「これからはものの本質が問われる時代になる。例えば食を伝えるには、私たちが本当においしいものを知らないといけない」これを伝えることこそがメディアの役割なのではと考える。米のリサーチでは、1000種類を超える米を来る日も来る日も食べた。そして、雑誌で米の特集を組むとともに、実際に販売も始めた。

▶ 「もっとお客さんの顔がみえる場所がほしい。実際に米を食べている様子を見て、感想を聞きたい。しかも、うまい米を作る場所でそれをやりたい」周囲からの反対を押し切り、本社を新潟・南魚沼に移す。無謀な移住と言われ、雑誌の広告、スポンサーが次々と降り、年収も1/3に。しかし、日々の移ろいや季節の変化等、外からは見えなかった小さいながらも多くの気づきを記事にしていく。徹底した現場主義(自分の目で見て体験したことしか記事にしない)が記事に深みを与え、読者の支持は変わらず厚く、雑誌は売れ続けた。

▶ 現在は、雑誌編集者の枠を超え、過疎になった観光地の活性化なども行っている。ある老舗温泉旅館は、十何億の借金を背負って再建を手掛ける。もし成功したなら日本中の地方にとって見本になる。そしたら地方でがんばる人も増えると考えるからだ。地元の人が気づいていない地域の隠れた資源を見つけ、どうやって磨いて、東京の人にも地方の人にもよさを気づいてもらう?現地の人を尊重しながら取り組んでいる。

▶ コロナにより、宿泊業は大打撃を受けているが、「チャレンジ非接触」と称して、客と接する機会を減らしながらも満足してもらう仕組みを毎日試行錯誤中。スタッフを一度も解雇したことがなく、今回も解雇を一切せずに維持継続できる道を模索中。

出所URL
▶ https://career.joi.media/special/2018/11/02/2743/
▶ https://www.nhk.jp/p/professional/ts/8X88ZVMGV5/list/
▶ https://www.timeout.jp/tokyo/ja/things-to-do/interview-iwasa-toru

茂木崇史:
東日本大震災をきっかけに、宮城県気仙沼市を中心に東北地方で復興支援・事業支援

▶ 大手コンサルティング会社で経験を積んだ茂木崇史さんは東日本大震災をきっかけに会社を辞め独立した。人と人との交流から新しい価値を生み出す仕事に挑んでいる。地域課題に向き合って活動している人たちと、大都市で働くビジネスパーソンのような異なる属性の人々の出会いの場として「コ・ラーニングスペース」を立ち上げる。

▶ 震災のとき、1歳の子どもがいたこともあり、原発事故から大変な衝撃を受けた。大きなものに依存するシステムは結局どこかにリスクが集中し顰寄せがいく。この延長線上の未来に果たして子どもの幸福はあるのか、もやもや考えはじめた。また、震災のような過酷な状況でも、誇りを持って立ち上がろうとする人たちの人間としての強さに接して、自分のほうが逆に勇気づけられた。

▶ 地方では相対的に所得が低いが東京よりもおいしい食べものが安く手に入るし、ちゃんと豊かに生活している姿が見えてきて、何が本当の幸せなんだろう、と思うようになった。

▶ 自由でドライな都市に対して、地方は何事もすべて人間関係で成立しているところがある。それは濃密な信頼に支えられた強さだ。

▶ 地方ならではのおもしろい取り組みをしている大人はどの地域にも必ずいる。でもそれは、高校生や大学生には見えにくい。震災をきっかけに地元に戻り「こんな人がいたんだ」と知り、地元のよさにはじめて気づいた若者がいた。

▶ 一から何かを立ち上げるチャレンジの機会は昔に比べて少なくなった。しかし地方では課題山積でチャレンジの機会に事欠かない。

▶ 一方、狭い人間関係のなかにいると、特に若い人たちは息苦しさや閉塞感を抱き、いったん都市から出たら帰りたくない要因になる。

▶ そこで、「自分にはもっといろんな可能性があるのではないか。本当はこんな生き方をしてみたかったのではないか。そんなことに気づくきっかけになる場、地域や世代を超えて互いに学び合える場をつくることだ」と感じた。

▶ 一歩踏み出して人生が広がるきっかけは、やはり人。人の流れを生み出すために、地域を超えて人をつなげるチームを広げていきたい。

出所URL
▶ https://www.ashita-lab.jp/special/9624/

コ・ラーニングスペース

- ▶ NTT西日本において、現場社員が新規事業創出に挑戦するための仕組み「HEROESPROJECT」を社内の同志と立ち上げ、NTT西日本活性化有志団体である「NTT-WESTYouth」の代表も務める。さらに、関西の大企業を横串でつなぐ組織である「ICOLA」の共同代表でもある。このほか、副業で複数社の顧問やアドバイザーに就任している

- ▶ 実業団の選手としてバスケットボールに明け暮れていた入社1年目の練習中、足の骨を切断して、入院生活になってしまう。入院中、「自分は世界中の人々に支えられて生きている」と強く感じ、足が治ったら行動で感謝を示そうと考え、シンガーソングライターとして感謝を伝え、元気を与えることができる人間になることを決める

- ▶ その後、マジック、ジャグリング、パフォーマンスなど学び、総合エンターテイナーとして介護施設、養護施設、保育施設、地域のイベントなどで公演を行う。一時は会社にいる意味が見出せず、社会貢献をしていきたいので辞めようと思っていたが、帰国後に新規事業の部署に配属されて、会社で新たに作ったサービスが世の中に出ていくのを見て、「ビジネスを通して社会に貢献することはたくさんある。」という気持ちになり、その後、社内同士を集めて上述の「HEROESPROJECT」を立ち上げる

- ▶ 2017年2月から関西の大企業有志団体ネットワークであるICOLAを立ち上げ、関西の大企業社員みんなで関西を活性化させるために、各有志団体の情報共有会、交流会、講演会、地域活性化の取組み等を行っている

出所URL
▶ https://japan.cnet.com/article/35151848/

及部一堯:
唯一無二とも言える
キャリアを持つ社内イノベーター

コ・ラーニングスペース

- ▶ 徳島県上勝町は、徳島市中心部から車で約一時間程の場所に位置しており、人口は1,525名770世帯(令和元年7月1日現在)、高齢者比率が52.39%という、過疎化と高齢化が進む町である。そして町の半数近くを占めるお年寄りが活躍できるビジネスはないかと模索したところ、"つまものビジネス"="葉っぱビジネス"が1986年にスタートした。

- ▶ 横石さんは、1979年に上勝町農協(現JA東とくしま上勝支所)に営農指導員として採用された。当時の町の主産業は、みかんと林業と建設業で、どれも斜陽産業となりつつ衰退の一途をたどっている時期で所得が少ない働き場がない。そして地域の若者はどんどん町外へ流出していく状況であった。町おこしや地域の活性化を考えるのではなく、仕事をつくり、まずは女性や高齢者に居場所と出番を与えることが大事だと考えた。

- ▶ 自信と誇りを取り戻すには、この町でなければできない仕事をつくらなくてはいけないと思案していたところ、大阪の料理屋で運命的な出会いを果たした。「つまもの」、当初、賛同する人はいなかった。しかしこのことがうまくいけば地域資源に価値があることをみんなも気が付き、そうなれば自信と誇りを取り戻すこともできるのではないかという期待感を持っていた。

- ▶ 田舎に住んでいる人は、意外に見栄っ張りで頑固である。自分ができないことや恥ずかしいと思うことは、絶対にやらない。やってみせて納得させるしかないが、その頑固さに真っ向勝負になっても考え方を変えるということは、現実には不可能である。それではどうやればよいのか。その答えはツボを知りその人にあった舞台をつくること。昔からの人間関係や気にしていることや自慢できることなどを個々につかみ、うまく持ち上げていく。プライドが高ければ高いほど自分が舞台に立てると、人は輝いていく。上勝のひとりひとりを深く観察し強引なやり方ではなく、ツボを見抜いたことが良かったと今でも思う。「どんな人でも居場所と出番があり役割が必要である」

- ▶ 葉っぱビジネスのポイントは、商品が軽量で綺麗であり、女性や高齢者でも取り組めることである。

- ▶ 現在の年商は2億6000万円。中には、年間売上が1000万円を超えるおばあちゃんもいる。

- ▶ 産業福祉は、高齢者に役割ができて精神的に元気になるだけではなく、体を動かし必要な商品を集めることで健康維持と寝たきり予防につながる。最近ではたくさんのお年寄りがパソコンやタブレット端末を使いこなして若者顔負けの状態。「売り上げを稼ぎ、経費を使わない」という経済効果は、好循環を生んでいる。町の実際の数字で見ても高齢者の医療費は、ここ数年県内でもっとも少なく、生活保護世帯も少ないという実績が出ている。この流れを受けて町の老人ホームが経営難から廃止され、いまは民間の施設だけとなった。このように産業福祉が充実することにより町の経済や財政にもよい影響が出てきている。

横石知二:
いろどり代表取締役

出所URL
▶ https://irodori.co.jp

tokco(とくこ):
メディカルイラストレーターという職業の
社会的認知の形成、地位向上を目指す

概要 **医療を正しく、くわかりやすく伝える**

▶ メディカルイラストレーターとは医学書や論文などに載せるイラストを手掛ける職業で、人や動物の器官や機能、手術の方法など言葉では伝わりにくい専門的な内容をイラストで伝える専門職。絵が上手いだけでは通用せず、医学や医術の高度な知識も必要とされる。欧米では100年の歴史があり職業としての地位が確立しているが、日本ではまだ十分認知されていない。tokcoさんは日本で唯一の獣医師国家資格をもつメディカルイラストレーターであり、この職業の社会的認知を広げ、地位を向上させる活動をしている。

▶ 絵を仕事にしたいと思っていたが、カーデザイナーの父親から絵の世界の厳しさを教えられ断念し、獣医師を目指す。その一方で高校時代から10年以上も摂食障害に悩む日々が続いた。当時、摂食障害の専門外来は少なく、心ない言葉で傷つけられたりもしたが、ある医師からイラストでわかりやすく治療方法の説明を受け、家族と話すことを勧められたことで回復のきっかけを得た。その後、獣医師の国家資格を取り、医療機器開発センターに就職。働きながら摂食障害を克服した。

▶ 就職後もどうしても絵の道を諦めきれなかったが、あるときメディカルイラストレーターという職業の存在を知る。これなら獣医師の資格や医療機器の開発現場での経験を活かせると思い、専門学校でイラストを学び直した後、学術誌『サイエンス』などで活躍していたサイエンスアーティストの奈良島知行氏に弟子入り。その後様々なジャンルのイラストや図の制作について学びメディカルイラストレーターとしての評価を確立。

▶ 欧米と比べて日本ではメディカルイラストレーターはまだ専門職として認知されていない。医療に欠かせない仕事の一つとして社会的な認知を形成し、地位の向上を目指して活動している。同時に医療を正しくわかりやすく伝えることで、医療リテラシー向上にも取り組む。自身の摂食障害の経験を振り返り、子どもの頃から自分自身の体のことを学ぶ機会を増やすことの大切さを意識している。一般の人がイラストを通して医学や医療のこと自分の体のことを知るために役に立ちたいと考え、実際に病院で使用する「患者説明資料」の研究制作も進めている。

出所URL
▶ https://xtech.nikkei.com/dm/atcl/interview/15/042000034/
▶ https://anlife.jp/article/1092

© i.school/JSIC

（2）官民連携の事例集

　少子高齢化が深刻化し、医療福祉の財政負担が増大することは避けられない。これまでのように公的サービスを公的セクターが提供することが難しくなることも予想される。そのような厳しい未来社会において、公的サービスを民間セクターが提供することも考えなくてはならない。ビジネスを通じて社会課題を解決するためには、官民連携に基づく新たな社会の仕組みが求められる。

　そのような新たな社会の仕組みを考えるために、社会課題を解決するビジネスとそのようなビジネスを成立させるための政策・施策のアイディアを発想するアイディア創出ワークショップの実施が考えられる。アナロジー思考アプローチに基づき、そのようなワークショップを実施するために官民連携の事例集を準備した。ここではその事例を以下に掲載する。

柔軟な官民連携が生んだ道の駅 –日本

道の駅は、日本の各自治体と道路管理者が連携して設置し、国土交通省（制度開始時は建設省）により登録される、商業施設・休憩施設・地域振興施設・駐車場等が一体となった道路施設であり、休憩機能・情報発信機能・地域の連携機能、防災機能等を併せ持っている。従来、一般道では自動車走行に適した道路改良を主眼に置いた整備が優先され、公的で24時間開いている休憩所はほとんど存在しなかったが、1990年1月に広島市で行われた「中国・地域づくり交流会」の会合での坂本多旦氏による設置構想を受け、1991年10月から翌年7月にかけて山口県、岐阜県、栃木県の計12ヶ所で「道の駅」の社会実験が行われた。2018年4月25日現在、1145ヶ所が道の駅として国土交通省に登録されている。登録には24時間利用可能な駐車場が20台以上、トイレが10個以上、休憩施設があることが必要最低条件だ。その他に、その地域の自主的工夫のなされた施設が設置され、その地域の文化・名所・特産物などを活用した農産物直売所や売店、レストランなどのサービスが提供されている。

道の駅にはいくつもの成功事例がある。例えば京都府南丹市美山町の「美山ふれあい広場」は、閉店や撤退が相次いだエリアの空き店舗を住民出資の会社が引き継いで道の駅として再生し、黒字化に成功した。また、千葉県鋸南町では廃校となった保田小学校を道の駅として活用している。教室を宿泊施設としてリノベーションし、「学校に宿泊できる」という付加価値を生み出している点が特徴だ。公共施設の利活用では廃線となった鉄道の駅舎を改修し道の駅にリニューアルした北海道中川郡本別町の「ステラ★ほんべつ」などの事例もある。他にも、群馬県川場村の道の駅「川場田園プラザ」では、朝取り野菜・ブルーベリーや乳製品などの地域資源を活かし、果物狩りや陶芸などの体験やイベントなどにより、村民と来訪者の交流の機会を提供している。人口3700人の川場村の道の駅には、毎年120万人が来訪し、リピート率も7割に達し、農業プラス観光で大成功した事例だ。

道の駅の管理運営方法は一般的に、公共が公の施設を管理運営する「直営方式」と、公共が施設運営維持管理業務として法人及びその他の公共団体に施設の管理運営を包括的に代行させる指定管理制度等の「民間主体の運営方式」がある。前者であれば自治体が、後者であれば指定管理者等が、道の駅内の施設の業務委託もしくはテナントを行う。官民が得意な分野で協働するこの道の駅の取り組みは、その管理運営手法も地域によって柔軟であることが特長である。

出所URL　http://www.mlit.go.jp/road/Michi-no-Eki/　https://www.denenplaza.co.jp/　https://hotasho.jp/

公教育の画一性を当事者自ら打破する改革者 –日本

東京のど真ん中に、一風変わった校長先生がいる。全校集会ではパワーポイントを使って生て生徒たちに「プレゼン」し、夏休みに課す宿題は最小限の作文だけ。外部企業や研究者、大学生などを巻き込んだ「オープンイノベーション」にも積極的に取り組む。自由な裁量がほとんどないと思われる公立校で、変革に向けた新たな施策が次々と導入されている。

ほとんど文字のないスライドを見せながら中学生に語りかける東京都千代田区立麹町中学校の工藤校長（2018年当時）。まるで若手社員にむけてビジョンを語りかける起業家のようだ。この中学校ではいくつものユニークな取り組みを行っている。宿題が3年間全くないのもそのひとつだ。「私が見てきた限り、宿題を課された生徒は分かる範囲には積極的に取り組みます。しかしわからないところには全く手をつけない。それでも教員は宿題が提出されればOKを出すんです。これで『宿題を出すというタスク』が完了したことになる。このやり方では学力は伸びません」。これこそが学校現場ではありがちな「目的」と「手段」の履き違えだと工藤校長は言う。定期テストも廃止し、短いスパンで行う単元テストと真の実力を問う実力テストへ切り替えた。さらに単元テストについては本人が希望さえすれば再テスト可能だ。

自らの意思を人に伝えられる人材を育成したい。そのために、麹町中学校では積極的に外部の力を借りている。実際に企業に対しての企画提案、中華の巨匠陳建一や三國清三シェフがマーボー豆腐やムニエルの作り方を教えてくれる調理実習などが授業の一環としてある。また授業の後に生徒が自由に参加できるアフタースクールも大学生が企画運営し、英会話学校やプロのアスリートと連携しながら充実したプログラムを実現している。教員にも民間企業の新人研修さながらのマナー教育を実施し、電話が鳴ったら3回以内で出る。名乗る」などビジネスの世界では当たり前のサービス業の担い手としての意識を持たせている。

数学の教員、教育委員会、そして校長というキャリアを歩んできた工藤校長は、民間での経験があるわけではない。校長に就任した2014年にまず行ったのは、徹底した課題の洗い出しだ。教員とも議論を重ねて200の課題を見つけ優先順位をつけていった。これを4ヶ月で終えて翌年度の予算折衝がはじまる11月には準備万端で臨んだ。こうして次々に改革を行っていった工藤校長は、ついに2016年度に固定担任制を廃止し、全教員で全生徒をみるという医療の世界におけるチーム医療のような体制に移行した。生徒・保護者が相談する教員を自由に選べる大きな改革だ。

出典：i.schoolスタッフが直接お話を伺いました。

島民の、島民による、島民のための会社 −日本

　瀬戸内海に浮かぶ愛媛県・弓削島はその昔、造船業で栄えていましたが、需要の減少などにより大手企業が撤退。多くの島民が職を失い、島を離れ、一つの時代が終わりを告げた。その後平成の大合併で上島町として生まれ変わった弓削島は、隣り合う島に橋が架かり、陸路で繋がったことでサイクリストが来るようになり、ひかり回線も開通、IT関係の方がゆっくり休みに来る機会も増えた。

　このように環境が変化する中で、弓削島の自然の資源を、島で生き抜く昔ながらの知恵と新しいアイデアで、周囲の人たちを巻き込みながら、島の活性化を推進し『弓削島ブランド』を全国へ発信したいという思いから立ち上がったのが、元公務員の村上律子さんだった。行政に依存していたのでは実現しない島起こしを自分たちの手でやろう。「島民の、島民による、島民のための会社」を合言葉に、2008年に上島町の住民約60人の出資によって設立したのが株式会社しまの会社である。産業、福祉、教育、環境など地域にかかわる様々な問題を、行政依存や消費サービス依存から脱却して、地域住民の手によってもう一度自立運営していこうという試みだ。

　村上さんはまず『弓削島ブランド』づくりを島民に呼びかけ、1万円/一口で出資を募り1,085万円を集めた。こうして最初に立ち上げた事業は、弓削島の玄関口、弓削港にほど近い民家をリノベーションして、島の恵みである海や山の『摘み菜』をおいしく食べられるお店「しまでcafe」。島民同士で近年増えつつある観光客の憩いの場所として、弓削島の情報発信基地として、観光や歴史の案内所として、多くの方にご利用者で賑わっている。

　その後、2010年に「NPO法人弓削の荘」を設立し、古代の製塩技術をそのまま受け継いだ藻塩づくりをはじめ、塩の商品化を進め、現在5種の塩を『弓削塩』として製造・販売している。また時期を同じくして「NPO法人しまの大学」地域活性化プロジェクトが動き出し、島の中の人と外の人が一緒になって地域の課題を解決していこうという取り組みを行っている。高齢化や人口減少による耕作放棄地や空き家対策、商店や航路の廃止や減少などに歯止めをかけ、地域の活性化を加速させていくこれらの事業に加えて、高齢者施設や独り暮らしの高齢者への配食サービスや上島町を調査・研究、合宿、移住・定住などの目的で訪れる人々宿を提供する民泊事業など、公的サービスの手の届かない事業を推進している。

出所URL　https://www.shimano-kaisha.co.jp/　　https://www.shimano-kaisha.co.jp/daigaku

ピザ屋が「ピザの安全のため‥」に道路補修 −アメリカ

　宅配ピザチェーン「ドミノ・ピザ」がアメリカで始めたキャンペーンは道路の舗装。テイクアウトしたピザを車に乗せて持ち帰る際、道路にあるくぼみにタイヤがはまって「ピザがめちゃめちゃになる」のを防ぐため、補修工事に乗り出したのだ。自宅周辺の道路に欠陥を見つけたら、「補修お願いします」と特設ウエブサイトでドミノ・ピザに補修を依頼できる。補修工事が終わった後は、お馴染みのドミノ・ピザのマークがペイントされる。マークの下には「OH YES WE DID（私たちがやってやったぜ）」という文字付きで。

　キャンペーンが始まったのは2018年6月11日。まずはジョージア州、テキサス州、デラウェア州、カリフォルニア州にある4都市の行政府と連携し、早速穴凹修理に取り掛かっている。ジョージア州では150ヶ所の道路のくぼみを既に修繕したそうだ。

　キャンペーンが始まるとすぐにTwitterなどのSNSで話題をよび、多数のメディアが一斉に取り上げて話題になっている。このキャンペーンを仕掛けたのは、メディアの注目を浴びるキャンペーンを得意とするCP+B広告だ。道路代理店とピザは、一見何も関係性がないが、「ピザの安全のため」と緩く関連づけることで社会貢献活動によるブランドイメージの向上に成功している。

　国立研究グループ（National Transportation Research Group）の最新の調査によると、アメリカの主要な道路の37%は状態が悪いまま放置されており、そのために運転手一人あたり、車の修理費に年にして平均482ドルかけているという。

出所URL　https://pavingforpizza.com/
　　　　　https://www.theguardian.com/business/2018/jun/12/dominos-pizza-deliveries-road-repair-potholes-paving-infrastructure

地域密着通貨で地域ビジネスを活性化 −イギリス

　ロンドンから南西に電車で90分、イギリスで11番目に大きな都市、ブリストルは人口42万人の港湾都市である。もともと再生可能エネルギーの普及やフェア・トレード・シティとしても有名で、コミュニティーの力が強く、クリエイティブな人が集まる都市だ。このブリストルで地元経済の危機を肌身で感じるきっかけとなったのが、2008年のリーマンショックだった。このままではブリストルは、チェーン店があふれるどこにでもあるようなクローン都市になってしまうのではないか。昔からある地域の個人商店は疲弊し、コミュニティは活気を失っている。こうした問題意識をもった有志数名が地域通貨を発行するために事業促進活動に重点を置いた非営利法人(non-profitcommunityinterestcompany:CIC*)を立ち上げた。2012年にはブリストル市政府が承認する形で「ブリストルポンド」の流通が始まった。

　地域通貨は地域内で流通する通貨で、導入しているお店やサービスも地域資本のものに限る。地域の中で通貨を循環させることで地元経済を活性化するというのがねらいだ。地域通貨を使うことは、地域経済を応援するという証でもある。通貨としての信頼性は地元の金融機関、BristolCreditUnionによって担保されている。簡単な手続きでここに口座を開設すると、紙幣、電子マネーの2形態で流通するブリストルポンドを使用できる。こうして誕生した地元の人々による地元の個人や地元ビジネスオーナーのネットワークの中で流通しており、その誕生以来、8万以上の取引に使われている。ブリストルでは1週間にに300以上の支払いがブリストルポンドで行われているということになる。地元の商店での利用はもとより、公共の交通機関や地方税もブリストルポンドで支払うことができる。多くの支援者は給与の一部をブリストルポンドで受け取っている。導入当時の市長、ジョージ・ファーガソン氏は市長だった当時、給与の全額をブリストルポンドで受け取っていたそうだ。

　ブリストルで成功した地域通貨は、徐々にイギリスの他の地域へと広がりつつある。最近ではビートルズゆかりの地としても有名なリバプールでもイスラエルのベンチャー企業の技術を使ったデジタル地域通貨リバプール・ポンドが発行され、発行から1ヶ月たらずでユーザー数が3000人を超えた。

*イギリスではCICによる地域活性化の動きが高まっており、2016年の時点でCICの数は1万2000件を突破。政府と提携しているCICも多く、今後ますます活気づくと予測されている。

出所URL　https://bristolpound.org/　　　https://greenz.jp/2015/01/28/bristol_pound/　（大石真由美）

救急搬送の民間委託 − インド

　救急車を呼ぶために指定された番号に電話しても誰も応答しない。救急車が間に合わず赤ちゃんの命が助からない。このような事態が当たり前だったインドの救急搬送システムを劇的に改善したのが「EMRI　Emergency（民間が運営するManagementandResearchInstitute）である。満足なサービスが受けられない貧困層のために救急体制を整備しようと立ち上がったのは起業家のVenkat　Changavalli氏だった。彼はスタンフォード大学に救急士の育成や救急体制構築の協力を求め、2005年に地元のハイデラバードで小規模な救急搬送事業を始めた。

　まずはインドでも縁起の良いとされる「108」を救急番号に指定し、どこから電話がかかってきても迅速に対応できるように民間のノウハウを活かしたコールセンターを設置した。当時政府の運営していた救急搬送は州によっては有料で、車両内で治療に当たれる救命士は乗り合わせていなかった。EMRIは自前で救急救命士を訓練し、車内での応急処置を可能にした。また提携する病院では無料で初期治療が受けられる仕組みを構築した。公共の救急体制とは比較にならないくらい素晴らしいこのEMRIのサービスを、やがて政府が容認し救急搬送事業を委託するようになる。現在EMRIの救急サービスは官民パートナーシップ（PPP）として運営されており、ハイデラバードに本社を置く巨大コングロマリット、GVK社の創業者が個人的な基金でCSRとしてそのコストの半分を賄っている。

　EMRIの事業は現在、15の州で1,100台の救急車が稼働し、1日に24,000人を救急搬送し、1日に1,000人の命を救っている世界最大の救急サービス運営者である1日るに。また平均で100人の赤ちゃんが衛生完備した救急車の車内で産まれるようになったという。このサービスは国境を越えてスリランカでも展開されている。

出所URL　http://www.emri.in/　　　http://stanmed.stanford.edu/2015fall/indias-medical-miracle.html#video0

貧困層に教育を提供する私立学校 – ケニア他4カ国

　現在1日2ドル以下で生活している人々は世界に20億人いると言われている。また、適齢期であるにも関わらず、学校に行けない子どもたちは2億6000万人以上いると推定されている。ブリッジスクールは、このような極度の貧困状態で暮らす人々を対象とした私立学校である。テクノロジーを駆使して授業を標準化し、学校の事務を効率化することによって、低コストで学校事業が提供できるしくみを構築している。満足に公教育の教育機会が提供できていない国々の政府やコミュニティ、教員や保護者と協力しながらエビデンスに基づいた品質の高い教育を目指している。現在アフリカのケニアをはじめ、ウガンダ、ナイジェリア、リベリア、そしてインドの5カ国で、520の学校を運営し、10万人の子どもたちに一人あたり1ヶ月6USドルで幼児教育、初等教育を提供している。

　開発途上国では、公教育に十分な予算がなくその品質も低い傾向にある。例えばウガンダでは教員の50%が学校に来ない。加えて公教育で学ぶ生徒の識字率も非常に低い。ブリッジスクールでは教員が共通して使える教材やレッスンプランを準備し、効率化することによって教員の負担を減らしている。またE-ラーニングを駆使して、教員が常にトレーニングを受け続けられる体制を構築している。また、学校事務や給与の支払いなどは、1校につき1人の事務員で回せるようになっている。

　この効率的な運営によって、ブリッジスクールの生徒は公立学校に通う生徒に比べて、年間で読解に費やせる日が64日間、数学は26日間多く学ぶことができているというデータもある。また国際標準テストの成績も公立の学校に通う生徒よりも平均して高いそうだ。

　国によって、取り組み方にはいくつかの違ったモデルがある。私立学校として運営し、保護者に負担を求めるという形での運営方法もあれば、例えばリベリアの場合には政府と連携してブリッジスクールが公教育を担っているという事例もある。ブリッジスクールのしくみを取り入れることは公教育の枠組みでも可能だということがわかる。

出所URL　https://bridgeinternationalacademies.com/

裁判所の駐車場が週末にはマーケットに – ケニア

　アジアやアフリカの観光都市では土産物を売るオープンエアマーケットを見かけることは少なくないが、ケニアのナイロビにあるマサイ・マーケットは少しユニークだ。通常マーケットは決まった場所で店主が店舗を構えていることが多い。しかしマサイ・マーケットは曜日によって開催場所が異なるのだ。例えば火曜日はNgong通り沿いにあるPrestige広場で開催されていたかと思えば、木曜日は巨大なモールの中で、金曜日はまた別のモールの中で開かれている。そして土日は中心街にある裁判所の駐車場が会場となる。週末裁判は開廷しないので、駐車場は使用しない。その利活用が週末マーケットの開催というわけである。

出所URL　https://kenyanpoet.com/the-maasai-market-open-days-schedule-in-nairobi/

⑥ 試行錯誤の最適化：
PDCA サイクルの回し方

　第3章3.3「ワークショップの成否を左右する要素」で述べた通り、ワークショップの成否を支配する要素は、①事前準備、②ワークショップ前半のワークショップ・プロセス、③ワークショップ後半の PDCA サイクルにまとめられる。第6章では、③ワークショップ後半の PDCA サイクルにフォーカスを当て、PDCA サイクルを最適化するために PDCA サイクルを回すという方法を説明する。ワークショップ「人生100年時代のヒット商品、サービス」を例に取り上げ、PDCA サイクルの回し方を具体的に説明する。

$\underset{6.1}{\textstyle\bigcirc}$ ワークショップ「人生100年時代のヒット商品、サービス」の概要

（1）ワークショップの背景とテーマ設定の考え方

「人生100年時代」がバズワードとなって久しいが、年金支給開始年齢が70歳、75歳に引き上げられることを想像すれば、人生100年時代がどれほど大きな社会変化につながるかは明白である。働き続けなければならなくなるという単純な話ではなく、100歳まで生きることが当たり前になることは、新たな価値観やニーズを生み出す。

幸せな高齢者を増やすこと、アクティブシニアを増やすこと、アクティブシニアをより幸せにすることなどが人生100年時代の目標に設定されるのが一般的であろう。これらは、第1章1.3「持続的イノベーションと破壊的イノベーション」で説明した持続的イノベーションに対応する。本ワークショップでは、スーパー・アクティブシニアを増やすことを目標に設定する。

スーパー・アクティブシニアとは、アクティブシニアの中でも自己実現を目指して活動を続け、目を見張るような価値を生み出し、若い人からも尊敬されるような高齢者を指す。スーパー・アクティブシニアを増やすことに資する製品やサービスを考えることは、新しい顧客、新しい市場を対象とする破壊的イノベーションに対応する。本ワークショップでは、スーパー・アクティブシニアを増やすために必要なニーズを把握し、そのニーズに応える製品やサービスを発想する。

（2）ワークショップの基本設計

ワークショップで生み出す手段は、スーパー・アクティブシニアを増やすことに資する製品やサービスである。その手段の新規性を生み出す方法として、エクストリームケース（ユーザー）アプローチを採用する。

エクストリームケース（ユーザー）アプローチとは、未来の予兆と考えられる事例を分析することにより、未来社会におけるニーズを把握する方法である。未来社会として考えるのは、スーパー・アクティブシニアが当たり前となっている社会である。当然、全てのシニアがスーパー・アクティブシニアを目指すわけではないし、スーパー・アクティブシニアになれるわけでもない。ある一定数のスーパー・アクティブシニアが活躍し、社会に広く認知され、極めて稀な存在ではなくなっている社会を想定する。現在のスーパー・アクティブシニアを、そのような未来の予兆であるエクストリームケースと捉え、分析することにより未来社会におけるニーズを把握する。

ニーズに応える手段（製品、サービス）を発想するための手段分析としては、活用可能なテクノロジーやビジネスモデルの事例を収集し、分析する。アイディア発想は、ニーズとシーズの掛け合わせを考えるニーズ×シーズ（テクノロジー）アプローチを採用する。

　本ワークショップでは、ワークショップの後半の試行錯誤にフォーカスを当て、PDCAサイクルを回すことに重点を置く。

　ワークショップの参加者は、ワークショップの設計、ファシリテーションを習得することを目指して参加する社会人で、週1回程度のペースで、各日3時間、3時間、6時間、3時間、3時間の計5日、18時間で行った。17名の参加者がAからDまで4チームに分かれ、各チームに1名のi.schoolスタッフがDP(ディスカッション・パートナー)として加わった。

　DPとはi.school独特の呼び方で、一般的にはテーブルファシリテーター、TAなどと呼ばれている存在に近い。グループワークをリードするのではなく、メタ認知的な問いやコメントを投げかけることにより、グループワークを支援する立場である。

　以上の基本設計の内容を表6-1にまとめた。

表 6-1

ワークショップの基本設計

テーマ	人生100年時代のヒット商品、サービス
生み出す手段	スーパー・アクティブシニアを増やすことに資する製品やサービス
手段が果たす目的	スーパー・アクティブシニアになるために必要なことに応える
参加者	ワークショップの設計を習得することを目指して参加する社会人
主催者	JSIC Schoolの主催者、日本社会イノベーションセンター
形態・日数・時間数	週1回程度、各日3時間、3時間、6時間、3時間、3時間、計5日
新規性を生み出す方法	エクストリームケース（ユーザー）アプローチ、ニーズ×シーズ（テクノロジー）アプローチ
目的分析の方法	人生100年時代の予兆と考えられる生き方をしている人の分析
手段分析の方法	活用可能なテクノロジーやサービスモデルの事例分析
事前準備の内容	ワークショップ・プロセスの設計、サンプル事例の収集と分析
アウトカム	PDCAサイクルの回し方、ファシリテーション能力の習得

　ワークショップの流れは以下の通り。

事前課題：人生100年時代の予兆と考えられる生き方をしている人を探し出し、その人に関する情報を収集する。

Day 1（3h）：ワークショップ（WS）1stサイクルの実施、事前課題として収集されたエクストリームケースを分析し、人生100年時代に顕在化するニーズを抽出、アイディア発想・共有
宿題：アイディア評価、シーズ（テクノロジー、ビジネスモデル）の収集
Day 2（3h）：総括的分析
宿題：再試行の準備
Day 3（6h）：WS 2ndサイクルの設計、実施、総括的分析、3rdサイクルの設計 or アイディア精緻化の準備
Day 4（3h）：WS 3rdサイクルの実施 or アイディアの精緻化
宿題：最終発表の準備
Day 5（3h）：最終発表、振り返り

　このワークショップでは、第3章3.2（2）「アイディア発想」で説明した後半のPDCAサイクルを回す部分にフォーカスを当てている。**図 6-1**に示した通り、PDCAサイクルを最低2回回すプロセスとなっている。Day 3の総括的分析の結果、もう1回回す場合もある。
　2回目以降のPDCAサイクルで目的分析、手段分析、アイディア発想などのうち、どこをやり直すかはチームによって異なる。ここではCチームの結果に基づいてワークショップの内容を紹介する。Cチームのたどったプロセスは**図**

図6-1
ワークショップの流れ

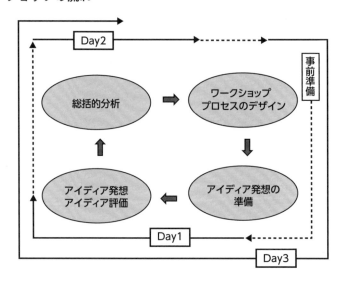

図 6-2
ワークショップの進行プロセス

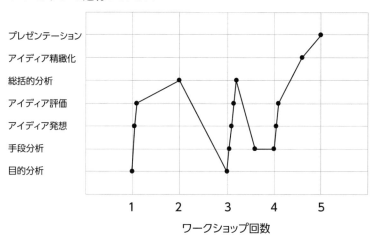

図 6-3
C チームがたどった軌跡

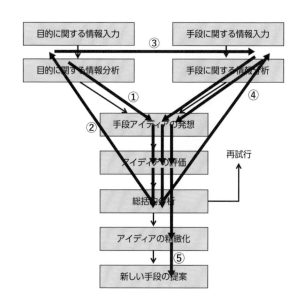

6-2 に示す。また、ワークショップ・プロセスの標準モデルを用いて、**図 6-3** のように示すこともできる。

　このチームは PDCA サイクルを 3 回回していること、ワークショップの合間に 2 回自主的にミーティングを持って作業していること、3 回目のサイクルでは目的分析を省き、手段分析にフォーカスを当てていることが読み取れる。

　第 3 章 3.1（2）「アイディア発想」で説明したワークショップ・プロセスの標準モデルの上に、C チームがたどった軌跡をプロットすると**図 6-3**のようになる。総括的分析の結果に応じて複雑な軌跡をたどっていることが分かる。このプロセスの軌跡を最適化すれば、ワークショップで生み出されるアイディアの質や、ワークショップの教育効果を高めることができる。それを左右しているのが総括的分析である。

(6.2) ワークショップの内容

（1）エクストリームケースの分析、アイディア発想

図 6-4
世界最高齢の現役パイロットの事例

（写真提供：日本航空連盟）

高橋 淳：世界最高齢現役パイロット

100歳まで飛行機を操縦したいという思いと49歳で独立してフリーとなったことがギネス記録毎年更新につながった

概要

▶ ギネス記録を毎年更新している世界最高齢現役パイロット、高橋淳は小学校4年生頃から模型飛行機にハマり、パイロットになることを決心した。パイロットになるために予科練に入り、大型陸上機、一式陸上攻撃機を操縦した。終戦間際の沖縄戦では、残った20機の中で唯一墜落を免れ終戦を迎えた。戦後は社団法人日本飛行連盟でパイロット養成、航空写真撮影、ビラまきなどに携わった。アマチュア・パイロットの養成がピットになった。大きな組織を窮屈に感じた高橋は、49歳で独立、フリーパイロットとなった。以来、「空の便利屋」として航空測量、地図作成用斜め写真撮影、機体のテスト飛行、スピーカーを積んで宣伝放送、遊覧飛行、報道、映画など、仕事には困らない。

▶ 95歳(2017年現在)の今も現役でいられる極意として、高橋は胸を張って歩く、常に余裕を持つ、チェック・リチェック、己を過信しない、迷ったら引き返す、死ぬまで進歩するために毎日反省する、などを挙げている。確かに、このような心がけによって、危険な出撃から生還することができ、戦後の混乱のなかで事業を成功させ、そして独立して働き続けることができたのであろう。

▶ しかし、最も重要なポイントは次の2つであろう。まず、やりたいこと、飛行機の操縦を100歳まで続けたいという思いがあることである。その上で、49歳で独立し、フリーのパイロットとなったことである。やりたいことがあっても続けられるわけではない。ニーズがあり、そのニーズに応えるスキルを持っていたから仕事としてパイロットを続けられたのだ。収入は金銭的な意味よりも、ニーズに応える意義を体感する精神的な意味が大きい。だから胸を張って歩くことができるのであろう。葉っぱビジネスで生き生きと活躍するおばあちゃんにも通じることだ。

▶ 大きな戦略より、小さな日々の最適解の積み重ねが大切というのも示唆に富んでいる。毎日夜に、1日の反省をするという高橋の姿勢が人生の成功をもたらしたのではないか。

出所 ▶ 『95歳、余裕綽々〜世界最高齢パイロットの人生操縦術〜』高橋淳（ワニブックス刊）

© i.school/JSIC

図 6-5
エクストリームケース分析：未来のニーズ把握

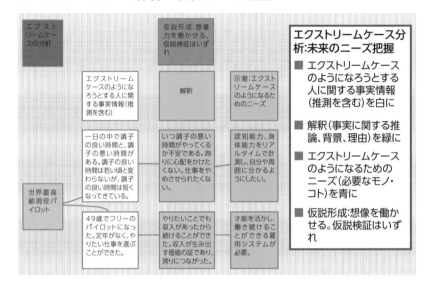

a) エクストリームケースの分析

　まず、事前課題としてチームメンバーが探し出したエクストリームケースを分析する前に、ファシリテーターが用意した事例で分析方法を示す。今回は世界最高齢の現役パイロットの事例を分析する。事例は**図 6-4**のようにコンパクトにまとめたものを準備した。

　世界最高齢現役パイロット、高橋淳氏は小学校の頃に模型飛行機にはまってパイロットを目指す。当時は、パイロットになるためには軍隊に入るしかなかったので予科練に入り、パイロットとなる。戦争の中で生き残り、戦後パイロットとして連盟に所属し仕事をする。49歳のときに独立してフリーとなり、その後もパイロットを続け、95歳のときに自身に関する本を出版。世界最高齢パイロットとしてギネス記録を更新する。

　この事例の分析例を示し、エクストリームケースのようになろうとする人のニーズ（必要なもの、こと）を導き出す方法を参加者に示す。

　エクストリームケースのようになりたいと思う人の事実情報を白のノートに書く。**図6-5**では「一日の中で調子の良い時間と、調子の悪い時間がある。調子の良い時間は若い頃と変わらないが、調子の良い時間は短くなってきている」という例を挙げている。これに対する解釈として「いつ調子の悪い時間がやってくるか不安である。周りに心配をかけたくない。仕事をやめさせられたくない」と推

論する。解釈とは、事実情報の背景や理由など、表面的に現れている事実情報の背後にある因果関係、感情や心理などを推論した結果のことである。無意識の行動であれば、その理由は本人も気づいていないかもしれない。言語化されていない内的な状態は、推し量るしかない。解釈は、仮説形成の行為であり、仮説はいずれ検証されるべきものである。この段階では根拠が不足しているとしても、論理的に妥当性を説明できる場合は、解釈として緑のノートに書き留めることが重要である。

　次に、エクストリームケースのようになるために必要なことをニーズとして青のノートに書く。この例では「認知能力、身体能力をリアルタイムで計測し、自分や周囲に分かるようにしたい」という青のノートを示した。示唆は事実情報や解釈から発想される、エクストリームケースのようになるために必要なことのアイディアである。示唆を導く思考は、第3章3.1（3）で紹介したアブダクションであり、事実情報や解釈から論理的に導かれるものである必要はない。

　いま一つの例は、「49歳でフリーのパイロットになった。定年がなく、やりたい仕事を選ぶことができた」という事実情報から、「やりたいことでも収入があったから続けることができた。収入が生み出す価値の証しであり、誇りにつながった」という解釈を加え、ニーズとして「才能を活かし、働き続けることができる雇用システムが必要」を導いている。

　この事例と事例の分析例を参考に、事前課題として持ち寄ったエクストリームケースの中から各チーム1事例を選び、同様に分析を行う。結果として、エクストリームケースのような人になるためのニーズ（必要なもの、こと）を記載した青のノートが複数縦に並んだ状態となる。

　Cチームが選んだエクストリームケースは、「ゲーマーおばあちゃん」として知られる90歳の森浜子氏である。最先端の事象にアンテナを張りつつ好きなことを通じて様々な世代とつながりながら過ごしている。毎日、動きを俊敏に保つために指の体操として、1日3時間以上、自分の好きなゲームの仮想世界でモンスターと戦ったり、ミッションに出かけたりしている。動画共有サイト、YouTube で人気チャンネルも持っている。ファンは35万人。PlayStation5発売が待ち遠しいという。

　分析の結果、エクストリームケースのようになるためのニーズ（必要なこと、もの）に関する次の示唆が抽出された。「自分が好きなものを楽しんでいることを簡単に発信できる環境があるとよい」「高齢で好きなことを始めたときに、それがなんであれ応援してくれる環境があるとよい」など。

図 6-6

アイディア発想

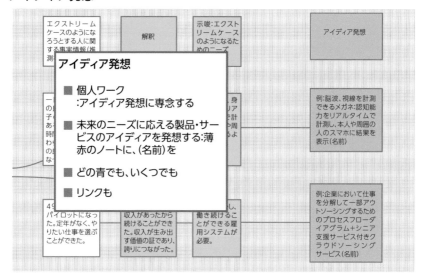

b) アイディア発想

　次にニーズに応える手段（製品、サービス）のアイディア発想を行う。1回目のPDCAサイクルでは、時間節約のためアイディア発想を支援するシーズ分析は省略している。各参加者の長期記憶に蓄えられた手段に関する記憶に基づいてアイディア発想をすることになる。

　アイディア発想にあたって、次のように例を示すことによってアイディア発想のイメージをつかんでもらう（図 6-6）。

　例えば、「認知能力、身体能力をリアルタイムで計測し、自分や周囲に分かるようにしたい」というニーズからは、「脳波、視線を計測できるメガネ：認知能力をリアルタイムで計測し、本人や周囲の人のスマートフォンに結果を表示」を発想する。

　また、「才能を活かし、働き続けることができる雇用システムが必要」というニーズからは、「企業において仕事を分解して一部アウトソーシングするためのプロセスフローダイアグラムのようなソフトと、シニア支援サービス付きクラウドソーシングサービス」というアイディアを考える。

　この1回目のアイディア発想は、手段分析を省いて行っているため、参加者が事前に持っている手段に関する知識や経験に基づいてアイディアが発想される。この例では、プロジェクトマネジメントシステムにおけるプロセスデザインアプ

図 6-7
評価マトリクス

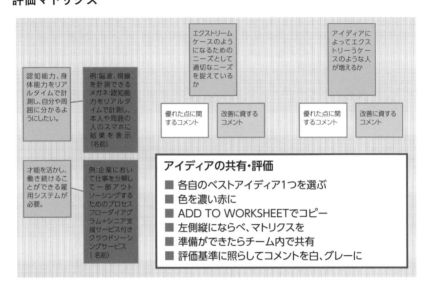

アイディアの共有・評価
- 各自のベストアイディア1つを選ぶ
- 色を濃い赤に
- ADD TO WORKSHEETでコピー
- 左側縦にならべ、マトリクスを
- 準備ができたらチーム内で共有
- 評価基準に照らしてコメントを白、グレーに

図 6-8
評価マトリクスの完成状態

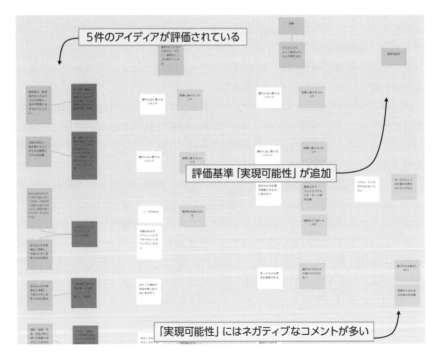

ローチ、プロセスフローダイアグラムに関する知識が活かされている。手段分析を行う場合には、このような手段に関する情報が提示、分析され、アイディアの発想を支援することが重要である。

アイディア発想は個人ワークで行い、アイディア発想に集中する。集中してアイディアの発想に専念できる時間は限られている。アイディア発想の時間を20分程度に限るのが望ましい。

Cチームで発想されたアイディアは、「AIが動画編集(テロップや音楽を入れる)をしてくれて、配信できるようにしてくれる全自動動画編集アプリ」「おばあちゃんゲーマーの配信、技の披露に対する投げ銭サービス＝おばあちゃんの収入につながる仕組み」などである。

（2）アイディア評価

第3章3.2（3）「アイディア評価」で説明した通り、アイディア発想に続いて、各自、自身が出したアイディアのうち最も良いと考えるものを選び、チーム内で共有するとともに、チームで考えた評価基準に照らして、アイディア評価をする（**図6-7**）。

評価基準の例として、

・エクストリームケースのようになるためのニーズとして適切なニーズを捉えているか
・アイディアによってエクストリームケースのようになりたい人が増えるか

を緑のノートに記入し、上側（表頭）に配置する。評価基準についてチームで議論し、必要に応じて修正、更新する。次に、各自のベストアイディアを左側（表側）に並べ、順にアイディアを評価基準に照らして評価する。チームメンバーはそれぞれのアイディアの優れた点に関する（ポジティブな）コメントを白のノートに、アイディアを改善するための（ネガティブな）コメントをグレーのノートに記入し、対応する評価基準の下に配置する。ネガティブなコメントはよりよいアイディアにするための貴重な情報であり、遠慮して当たり障りのないコメントしかしないようなことは戒めるべきであろう。

最終的に評価マトリクスは**図 6-8**のような形でできあがり、これで、チームメンバー全員がどういうアイディアを出し、どう評価したか、全体が俯瞰できる状態になる。

（3）総括的分析、アイディア精緻化、最終発表

a) 総括的分析

　第３章3.2（４）「総括的分析」で説明した通り、総括的分析はアイディア発想、評価マトリックス作成後に行う。PDCAサイクルのCA（チェック＆アクション）を実施するために、現状分析をし、問題点を特定してアイディアを精緻化するのか、または再試行するのか、再試行するとしたらどういう方向で再試行するのか、といったことを**図3-9**（67ページ）のワークシートを用いて確定していく。

　総括的分析は論点が３つある。ワークシート上では、黄のノートで縦に並べる。

論点１　納得のいくアイディアがあるか
論点２　どこに問題があったのか
論点３　どのように再試行を行えばよいか

　論点１「納得のいくアイディアがあるか」に対しては、チームメンバー全員にとって納得のいくアイディアがあり再試行する必要がないか、または納得のいくアイディアがない、あるいはアイディアはそこそこだが、再試行したらより納得できるアイディアが出るかもしれない、といったことを整理しながら議論する。黄の論点の左側にポジティブなコメントを白のノートに、ネガティブなコメントをグレーのノートに記入する。最後に、右側の緑のノートにチームの結論を記入する。Cチームの場合、「全自動動画編集アプリや投げ銭サービスがあったとしても、おばあちゃんゲーマーのようになりたいと誰が思うのだろうか」「エクストリームケースのようになるという動機づけが必要」などのネガティブなコメントなコメントが加えられた。

　既に納得のいくアイディアがあるのであれば、アイディアの精緻化に移る。

　同じように、論点２、論点３についても議論する。

　総括的分析で、論点１は評価マトリクスを今一度見ることにより確認する。そして論点２は使ったワークシートを確認する。APISNOTEのヒストリー機能を使うことで、どういう順番でどのようなノートを加えたのかを振り返ることができるので、議論のプロセスを振り返り、ここでの分析が不足していた、ここをもっと議論すべきだった、といった論点（検討事項）を青のノートで挙げる。その後チームで議論し、問題があったところをやり直す再試行の設計をする。

　論点（検討事項）としては、以下のようなものがある。

・エクストリームケース事例の数は十分だったか
・エクストリームケースは適切だったか

- エクストリームケースについての情報量十分だったか
- 事例の分析において、出した解釈、示唆適当だったか
- 手段分析は十分だったか（1回目のPDCAサイクルでは手段分析を省略している）
- 個人ワークとグループワークの配分は適切だったか
- 未来のニーズの先取りになっていたか

Cチームの総括的分析の結果は以下の通りである。

【納得のいくアイディアがあるか】
- ない

【どこに問題があったのか】
- エクストリームケースを選ぶまでは良かったし、ニーズの数は出たが、ニーズの把握の仕方に問題があった（深まっていなかった）
- アイディア出しの前に、ニーズに関する議論（認識合わせ）とインプットが不足していた

【どのように再試行を行えばよいか】
- エクストリームケース事例を集め直す
- エクストリームケースのような人になりたいと思う人の事実情報を抜き出す
- 手段事例（アナロジー事例）として人が変わるのを支援する事例集などを集める

b) 手段事例の収集

　再試行のための準備として、手段事例の収集を行う。参考資料として、手段に関する事例を集めた社会システム事例集を配布した。これは、高齢者が収入を得て働き続けることを支援する手段を発想するためのアナロジー事例集である。

　手段についてのアイディアの発想を支援するためのアナロジー事例の探し方の一例を以下の通り示した。

- エクストリームケースのようになるためのニーズを特定する。例えば年齢の制限なく能力を発揮して働き続けられる雇用システム
- そのようなニーズに応える既存の手段を探す。できれば、別の領域・分野で探す。構造的類似性が高く、表層的類似性の低い事例がよい。構造的類似性はある一面、本質的な機能について成立していればよい。全部同じである必要はない

c) 再試行

　総括的分析において再試行が必要と判断され、再試行の設計を行った場合は、アイディア発想の準備（エクストリームケース事例の収集、分析など）、アイディア発想、アイディア評価、総括的分析を行い、納得できるアイディアが生まれるまで PDCA サイクルを回し続ける。

　PDCA サイクルを回す中で、スーパー・アクティブシニアに対する理解が変化したり、ニーズを捉え直したりすることもある。グループメンバーの価値観の違いが明確になったり、メンバー相互の理解が深まったりすることも多く、全員が納得できるアイディアに到達することが期待される。ある程度の合意が得られれば、次のアイディアの精緻化で修正を行い、合意に至ることもある。

　Ｃチームでは、「60歳から始めた女優業：どんぐり」など、4件のエクストリームケースを分析し、スーパー・アクティブシニアを目指す人のニーズとして、①天職が評価される、自信につながる話し相手・評価者が欲しい、②なんでもやってみたいが、時間は限られている。何をもって諦めるか、続けるかの判断基準が欲しい、③知らない世界を知りたい、いろいろ人が楽しそうにやっている姿を見たい、の3つを特定した。

　「オンラインサロン：月額会費制の WEB 上で展開されるコミュニティ（クローズド）の総称。作家、実業家、アスリート、ブロガー等、専門的な知識を持っていたり、ある分野で優れたスキルや経験を持っていたりする個人、または複数のメンバーが主宰者となり運営している。また、アーティスト・アイドル、モデル、テレビタレント・アスリートのファンクラブとして活用される例も」など、6件の手段事例を分析し、「10歳以下の子供とスーパー・アクティブシニアになりたい60歳以上の大人限定のサロン」など、13件のアイディアを発想し、5件を有望なアイディアとして選んでいる。

　2回目の総括的分析を行い、構造的類似性を考えて手段事例を再収集するという3回目の再試行の方針を決めた。「アナウンサーから根付職人へ：梶浦明日香、伝統工芸職人をリポート、調査をする中で、価値のある仕事に対して報われない人がいることに気づき、衝撃を受けた。職人の感情に触れることで心を動かされ、当事者意識が芽生えていった」など、7件の手段事例を分析し、10件のアイディアを発想した。3回目の総括的分析で「中高年向け、伝統工芸のキッザニア、しかもかなりガチでハードなやつ」というアイディアを納得できるアイディアとして、精緻化に移ることを決めた。

　ファシリテーターからは、「伝統工芸にどんな魅力があるのか、今でもシニアが伝統工芸をやろうと思えばできる。後継ぎがいないという問題もある。でも現

実はそうなっていない（伝統工芸の新たな担い手にシニアは増えていない）。では、どうしたらそうなるのか？　そうなる魅力を見せることができれば、そうなる。

- ・ガチ＝趣味で終わらせないというのは、魅力なのだろうか？　今少し磨いてみる必要がある
- ・収入になるというのは大切なことだと思う（パイロットの高橋さんも収入があるから続けられている、趣味の飛行機操縦とは違う）
- ・プロとして尊敬され、価値を認められ、暮らしていくだけの収入があることは魅力になる。あるいは、伝統工芸にこだわる必要もない

中高年に相応しくて、残りの人生を賭けてそれをやりたいと思える魅力をどうやって見せるか」というフィードバック・コメントがあった。

d) アイディアの精緻化

図 3-12（71 ページ）のワークシートを用いて、アイディアについて検討すべき論点を黄色のノートで挙げていく。例えば、サービスの対象者は誰か、本当にその対象者はそのサービスを使うか、有料のサービスなら、本当にそのサービスに支払うか、ビジネスとして成り立つかなど、想定される論点をリストアップし、網羅する。そして、それら論点の優先順位を検討し、優先順位の高いところから詰めていく。全部の論点について結論を出すことは難しいが、重要性の高い論点について議論が深まっていれば、プレゼンテーションの際にどんな質問がきても、それに答えることができる。アイディアを精緻化することにより、よく練られたアイディア、よく検討されたアイディアにすることができる。

Ｃチームは、「本当に中高年がそのサービスを利用したいと思うか」を大きな論点に挙げ、「キッザニアで体験するコンテンツは伝統工芸だけでよいのか」「どうやって魅力を伝えるか」などの論点についても検討を行った。

e) 最終プレゼンテーション（アイディア発表）

今回のプレゼンテーションに含める主な内容は以下の通り。

- ・アイディアの概要
- ・目指すスーパー・アクティブシニア像
- ・スーパー・アクティブシニアになりたい人のニーズ（必要なこと）
- ・アイディアによってスーパーシニアになることができる理由

（参考にした社会システム）

Cチームの発表内容は以下の通り。

「ニマクメ」（人生第2幕目の助走をサポートする）

- 伝統工芸など継承者が減っていくことが危惧されている仕事がたくさんある。ニマクメは、このような社会課題とスーパー・アクティブシニアになりたい40〜50代のミドル世代を結びつけるサービス
- スーパー・アクティブシニアを目指そうと思う前段階のミドルに、知らなかった手仕事や技能の世界を知ってもらうための出会いの機会を提供する（知る・学ぶことによる動機づけ）
- こんなスーパー・アクティブシニアになりたいと決断するには、迷いもあり時間もかかるため、「人生留学」ができる機会を提供する（入ってみる・やってみることによる動機づけ）
- さらに留学経験者同士でつながるコミュニティを提供する（支援）
- 目指すスーパー・アクティブシニアの例：三味線職人（工芸を残す）、漆師（工芸を守る）、美術修復師（文化遺産を残す）、種苗業（農芸を残す）

（4）発表後のフィードバック、振り返り

　最終発表の後の振り返りは教育効果が大きい。i.school では以下のようにフィードバックを処理し、振り返りを行っている。

　発表において、APISNOTE にフィードバック用のワークシートを設け、他チームのメンバー全員がコメントをノートに上げていく。発表後、グループごとにコメントを吟味し、寄せられたコメントについてチームで議論する。自分たちがプレゼンテーションしたアイディアの良かった点を黄色のノートで、その理由を緑で記入していく。一方、改善すべき点や問題点をグレーで、その要因を赤で記入していく。

　Cチームの振り返り：

- 貴重な職業を継承するという社会的な理念がある点が良かった。その要因は、3巡目で動機づけを中心に議論したこと。
- 貴重な職業を守ることを通じてスーパー・アクティブシニアになれるという方向性を示せたことは良かった。その要因は、三味線、地銀の取り組みなど身の回りの実例を挙げたこと、2巡目でもう1回「スイッチが入った」事例の集めたこと、残りの人生をかけてやりたいと思える仕事の提供に注目したこと、2巡目、3巡目と総括的分析を繰り返す中で、言語化できないが、アイディアで大切にしたいものが揃っていったこと、最後に「残す」「守る」といった価値観が見えてきたことが挙げられる。

Cチームのプレゼンテーション内容に対するファシリテーターからのフィードバック：

- 「伝統工芸など継承者が減っていくという社会課題とスーパー・アクティブシニアになりたい人たちを結びつけるサービスが、これからの新しい機会領域になる」というのは良い考え。
- 「良いもの、残すべきものを残す」という理念がサービスの根底にあるところは評価できる。伝統工芸を残すという具体的な目的の評価は、対象とする伝統工芸に対する思いなどに左右されるが、「良いもの、残すべきものを残す」という理念に賛同すれば、動機づけがなされ、その後に何を残すために自分は努力すべきかを考えるようになるだろう。
- 対価として収入を得て暮らせるようになるということも、動機づけや、スーパー・アクティブシニアとなるための努力のインセンティブになる。
- プレゼンテーションの方法として、「工芸を残す」「文化遺産を残す」「農芸を残す」という事例を紹介したのは効果的だった。「良いもの、残すべきものを残す」という理念が伝わり、スーパー・アクティブシニアとのつながりも理解できる。理念を言葉で語るよりも、はるかに効果的に伝わった。
- 広め方、運営の仕組みも良い。企業のCSR活動と結びつけるのも一案。協力する企業の社員にとっても良い効果が期待できる。

Cチームの成功要因に関するファシリテーターからのフィードバック：

- アイディアの源は「中高年向け、伝統工芸のキッザニア、しかもかなりガチでハードなやつ」というアイディアで、3巡目のアイディア発想で生まれたものだ。そのアイディアの基となっているのは、「アナウンサーから根付職人へ　梶浦明日香：伝統工芸職人をリポート、調査をする中で、価値のある仕事に対して報われない人がいることに気づき、衝撃を受けた」というアナロジー事例（手段事例）だ。
- その手段事例が持ち寄られたのは、2巡目の総括的分析における問題分析で、「論点1　動機づけ、スイッチが入るアイディアが提供できているか」「論点4　アナロジー事例ケースは妥当だったか」という論点が立てられ、検討された結果である。
- 2巡目の後、「議題①3巡目のためのアナロジー事例を持ち寄り、事例の良し悪しを議論、②次回3巡目の構成を考える」というミーティングを持たれたことが3巡目のアイディアにつながったのだろう。
- アナウンサーが工芸職人をリポートして衝撃を受けるという体験をすること

が動機づけにつながったという点にフォーカスをもっと当てれば、最終アイディアにさらに深みを持たせることができたのではないか。

6.3 ワークショップの進行プロセスの可視化

（1）振り返りの支援

今回のワークショップでは PDCA サイクルを 3 回回した。PDCA サイクルを適切に回すためには、各回で実施される総括的分析を適切に行うことが重要である。状況を把握し、問題点を抽出した上で、最適な再試行の方向性を特定するためには、その時点までにどのようなグループワークがなされてきたかを振り返ることが必要である。人の記憶能力は限られており、何を議論してきたのか、何を行ってきたのかを思い出すことは容易ではない。

また、ワークショップ終了後にワークショップの振り返りをすることは、ワー

図 6-9

ワークショップの進行プロセスの可視化

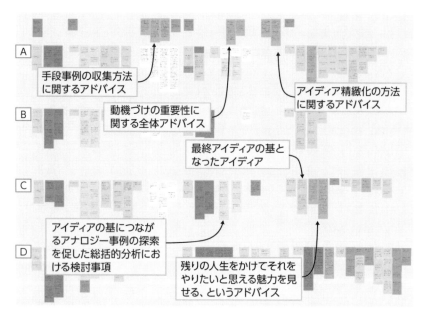

クショップでの学びを最大化し、次に同様の活動をするときにその学びを活用できるようにする上で極めて重要である。ワークショップの振り返りを適切に行うためには、短時間で膨大なワークショップの活動を把握できるようにすることが必要である。

図 6-9 はワークショップの振り返りを支援するために準備した APISNOTE のワークシートである。横軸に時間軸をとり、A ～ D の 4 チームごとに各ステップにおける主要なノートをコピーし、並べたものである。最上段の濃い青のノートはワークショップの開催回に対応し、茶のノートはファシリテーターから全体に対してなされたコメントなどである。

本章6.2「ワークショップの内容」では C チームの内容について順を追って説明したが、その内容をこのワークシートで俯瞰することができる。黄のノートは用いたワークシートを示し、赤は発想された主要なアイディアである。茶のノートは各チームに行ったファシリテーターからのコメントである。

図 6-9 はワークショップの進行プロセスを可視化したもので、振り返りに必要な情報がコンパクトにまとめられており、一覧性に優れている。今回はファシリテーターが準備したが、本来は各チームでワークショップの進行とともに各ステップにおける主要なノートをこのワークシートに並べてゆくのが望ましい。それがメタ認知を働かせ、チームの活動が適切に行われているかに常に気を配ることにつながると考えられる。

第 1 章1.7「電子付箋 WEB ツール、APISNOTE」で紹介した APISNOTE のヒストリー機能も振り返りに有効である。こちらは各ステップにおける活動の詳細を振り返ることに適しており、この進行プロセスシートによるワークショップ全体の振り返りと組み合わせて使うことが望ましい。

（2）ファシリテーターの支援

ファシリテーターによるフィードバックはワークショップの質を高めるために重要な役割を果たす。一般的に、ワークショップの参加者はグループワークに熱中しており、外部からのコメントに対応する余裕がない場合が多い。適切なタイミングで、効果的なフィードバックを行うことがファシリテーターには求められる。

複数のグループでグループワークが進行している状況で、各グループワークの内容をファシリテーターが把握するのは容易ではない。第 1 章1.8「オンライン・ワークショップ」で紹介した通り、オンライン・ワークショップであっても、各グループでのコミュニケーションを視聴し、APISNOTE のワークシートを確認

することができ、さらに APISNOTE のヒストリー機能で各チームの作業プロセスを振り返ることができる。

　図 6-9 の進行プロセスシートを用いれば、ワークショップ全体の活動を俯瞰することができ、適切なタイミングでの効果的なフィードバックが可能になる。また、ワークショップ終了後に、各チームの成功要因、失敗要因についてコメントする場合にもこの進行プロセスシートが不可欠である。

　ワークショップはファシリテーターにとっても学びの場であり、自身が行ったフィードバックがどのような効果を生み出したのかを確認し、そのタイミングや内容についてその妥当性を常に検討しなければならない。進行プロセスシートはそのためにも重要な役割を果たす。場合によっては、APISNOTE のワークシートを確認し、ヒストリー機能でプロセスを把握したり、ブレイクアウトルームの Zoom 録画を視聴したりすることも有効である。また、各チームに追加インタビューを行うのも一案である。

（7）ワークショップの計測・分析

　i.school の特徴の一つは、人間の創造性に関する学術的知見に基づいてワークショップ・プロセスを設計することにある。一方、i.school では、ワークショップを研究対象として、計測してデータを収集し、そのデータを分析することにより知見を得て、その知見をワークショップの設計・ファシリテーションに活かすことを試みている。第7章では、そのような取り組みを紹介する。

(7.1) 問題意識

　ワークショップの研究は、次のような問題意識に基づいて行っている。

　アイディア創出ワークショップにおいては、複数のチームに分かれてグループワークを行うのが一般的であるが、ワークショップ前半の作業を同じように行っているにもかかわらず、最後のアウトプットの質はチームによって差が現れる。グループワークの雰囲気や、適切性もばらつきが大きい。

　このようなグループワークの質の差を生み出す要因は様々である。チームメンバーの性質、その組み合わせ、ファシリテーション、外部からのフィードバックといったグループワークの質に影響する要因の数も多いし、それらの間の関係性や、チームワークの質との因果関係はさらに複雑である。

　アイディア創出ワークショップのアウトプットの質を向上させるとともに、教育効果を高めるためには、チームのパフォーマンスに影響を与える要因を特定し、その要因とチームのパフォーマンスとの因果関係を明らかにすることが重要である。現象は非常に複雑であるため、最も影響が大きいと考えられる要因からスタートし、取り扱う要因を順次広げていくという方針で臨むのが現実的であろう。

(7.2) コミュニケーション・パターン

　グループワークは、APISNOTEを用いてノートの作成、移動等を行い、メンバーがワークシートを見ながら対話することによって進められる。グループワークの特性はAPISNOTEと対話の記録に表れるはずだが、まず対話のパターンに着目する。その理由は、様々なグループワークを観察した経験から、グループワークの違いが対話のパターンの違いとして認識されるからである。あるメンバーが常に対話の中心となっているグループワークと、全てのメンバーの間で均等に対話がなされているグループワークとでは、大きな違いがあると感じられる。

　発話の長さや発話と発話の間の長さなど、着目すべき項目はたくさんあるが、まず、どのメンバーにより発話がなされ、次にどのメンバーが発話したのかに着目し、発話者の交代を対話と定義して、対話の分布を調べてみよう。

（１）対話の変動係数

　AIを活用した各種サービスにより、音声データ、動画から話者特定ができるようになってきているが、精度は必ずしも高くない。i.schoolではZoomの各話者の音声トラックデータを用いて話者特定を行うプログラムを開発し、利用している。このプログラムにより、**図7-1**のように発話者の変化を捉えることができる。5名のメンバー、1〜5が発話した時刻を点で示し、発話の順に線で結んでいる。例えばメンバー1が発話した後にメンバー4が発話した場合、メンバー1と4の対話とし、メンバー間の対話の回数を計算する。

図7-1
発話者の変化

メンバー

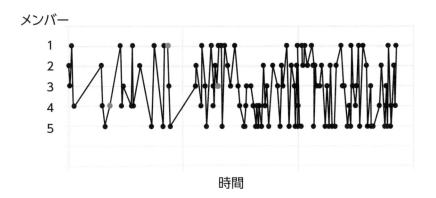

時間

　この結果から、**図7-2**に示すようにコミュニケーションのパターンを可視化することができる。5名のグループであれば、五角形の頂点が各メンバーに対応し、頂点の丸の大きさがある時間間隔における発話数、頂点と頂点を結んだ線の太さが対話数を表している。例えば5名のグループメンバー、1、2、3、4、5の間の対話は1-2、1-3、1-4、1-5、2-3、2-4、2-5、3-4、3-5、4-5の10種類に分けられる。対話の偏りは、対話の変動係数、すなわち標準偏差を平均値で除した数値で表すことができる。対話が均等であるほど対話の変動係数は小さく、対話が偏っているほど対話の変動係数は大きくなる。

　コミュニケーション・パターンはグループワークの進行とともに変化する。**図7-3**は、対話の変動係数の変化の一例（Aチーム）だ。横軸に時間、縦軸に対話の変動係数をとっている。ある時刻の前5分の対話のパターンと、後5分の対話のパターンとを比較して、その変化が大きい時刻を特定し、対話パターンの変化点とする。**図7-3**では対話パターンの変化点の間の対話の変動係数と対話パター

173

図 7-2
コミュニケーション・パターン

ンを表示している。線の折れている点が対話パターンの変化点であり、水平な線の部分がある対話パターンの区間とその対話の変動係数を表している。線の太さはその対話パターン区間における単位時間あたりの対話数に比例している。

図 7-3
対話の変動係数の変化の一例（Aチーム）

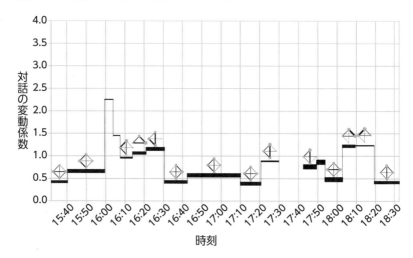

図 7-4 では図 7-3 に別の B チームの結果を重ねて表示した。チームによるグループワークの様相が大きく異なることが分かる。B チームでは、一人の参加者が常にコミュニケーションの中心になっており、対話の変動係数が大きい。対話パターンはあまり変化せず、単位時間あたりの対話数も小さい。

図 7-4
対話の変動係数の変化の比較（上：B チーム、下：A チーム）

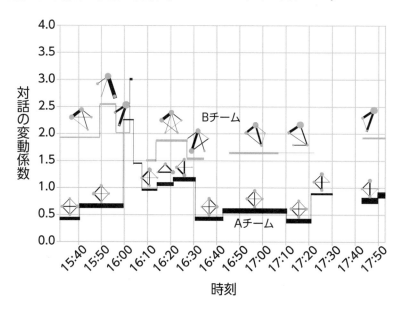

（2）対話の変動係数とグループワークの内容との関係

　対話の変動係数がチームのグループワークの違いを表現していることが分かった。対話の変動係数がグループワークの特性を表していることを確認するために、対話の変動係数とグループワークの内容との関係を見てみよう。

　ワークショップのテーマは「After コロナのイノベーション」で、コロナ禍による社会変化事例を分析し、コロナ禍が収束しても残る変化、コロナ禍が収束した後の社会を考え、After コロナのニーズに関する示唆を発想し、ビジネス機会を見つけ出すことを目標としている。

　例えば「オンラインミーティングばかりで雑談が減ってしまった」という変化事例から、「実は雑談が新しいアイディアの発想や、本音を聞き出す機会にな

っていた」という解釈を導き出し、「オンラインでも無駄、遊び、偶然をつくり出せるサービスのニーズ増加」というニーズに関する示唆が導かれる。

ここで示している時間帯は、示唆（仮説）を検証するという作業を行っている部分である。示唆を検証するとは、社会変化に関連する分野における過去の動きや長期的トレンドを洗い出し、変化や新しい動きが定着する理由を挙げ、それらが定着することに関わるハードルやリスク、ニーズ（必要なこと）を確認する作業である。

グループワークの内容を調べるために、メタ認知的な発話に注目する。メタ認知的発話とは、グループワークで行っている議論に関わる発話ではなく、グループワークの進め方など、議論のプロセスやコントロールに関する発話である。「今の議論は求められているタスクに沿っているのだろうか」とか、「何時までにどこまでやらなければならないのだろうか」といった発話である。グループワークが適切に行われるためには、議論から一歩離れ、外からグループワークを見るようなメタ認知的な発話が重要である。

グループワークのタスク開始のきっかけとなるメタ認知的な発話を挙げよう。

15:48「仮設検証に移ってはどうでしょうか」
16:46「検証する示唆はあと2つ。次に移りましょうか」
17:18「残り10分。3つ目の示唆の検証をしましょうか」

図7-5はAチームのAPISNOTEのワークシートを示している。左から「未来の状況・ニーズに関する示唆」「過去の動き、長期的トレンド」「変化・新しい動きが定着する理由」「変化・新しい動きの定着に対するハードルやニーズ」「新た

図7-5
16:46と17:18におけるAPISNOTEのワークシートの状態

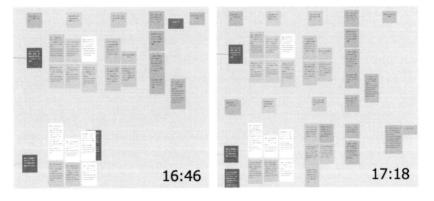

なビジネスの事例」をノートに上げていく。16:46に1つ目の示唆に対するタスクが終了し、17:18に2つ目のタスクが終了している。

図7-3と比べると、15:40〜16:00頃の均等な対話の後、7〜10分程度の間隔で4名のメンバーのうち2〜3名が活発に対話し、次に別の2〜3名が活発に対話するというパターンの変化が起こり、16:30＝16:42に均等な対話が起こっている。16:46から2つ目の示唆の検証に移り、均等な対話が続いて、17:14頃に2つ目の示唆の検証が終わっている。

このような対話パターンの変化はいつでも、どのチームでも起こるわけではなく、ディスカッションに全メンバーが熱心に参加する特徴的な対話パターンである。

(7.3) 笑顔分析

グループワークにおいては、APISNOTEを通じた文字情報、視覚情報、対話による言語情報が情報交換の中心である。一方、表情やボディーランゲージのような非言語情報も大きな役割を果たすことが経験的に知られている。多種多様な非言語情報の中で、まず最初に取り上げるべきは笑顔であろう。経験的に笑顔を伴う対話かどうかが、そのグループワークの性質を明確に表しているからである。

AIを利用した表情分析は一般的になっている。表情の中でも笑顔は最も容易に検出できる。Zoomを使ってオンラインのワークショップを行う場合、Zoom動画に参加者の顔が記録されるため、Zoom動画を用いて笑顔分析を行うことができる。図7-6、7は図7-4のA、Bチームのデータに各チームの笑顔分析の結果をヒートマップで重ねたものだ。

自動認識された顔に対して笑顔度が計算される。笑顔度0がしかめ面、100が満面の笑みである。笑顔度50以上が笑顔で、認識された顔の中の笑顔の比率を笑顔比率と定義する。図7-7のA、Bチームのデータにのヒートマップは5分ごとの笑顔比率を濃淡で表している。

図7-7のBチームがほとんど笑っていないのに対して、図7-6のAチームは全体的によく笑っている。16:00〜16:10は真剣に議論しているために笑顔比率が小さく、1つ目の示唆検証が終了する16:46頃と2つ目の示唆検証が終了する17:14頃に笑顔が多くなっている。

このAチームの特徴的なグループワークの状態は、第1章1.6「個人ワークvs. グループワーク」で紹介したグループ・フローに近いのかもしれない。この

ような状態を経験することが、グループメンバーのマインドセットの変化につながり、質の高いアウトプットを導き出すという目標を共有し、チームワークの質を高めるものと考えられる。どのような条件が満足されるとこのような状態が実

図 7-6
対話の変動係数と笑顔比率（A チーム）

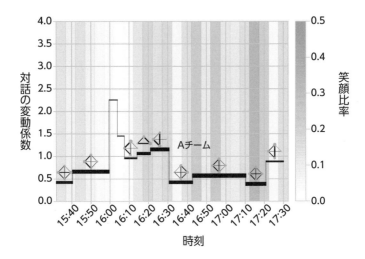

図 7-7
対話の変動係数と笑顔比率（B チーム）

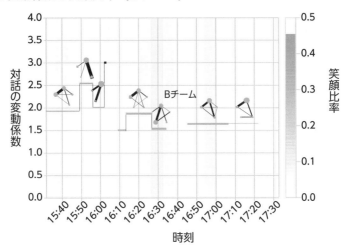

現できるのか、どのようにワークショップを設計し、ファシリテーションすれば
よいのかを明らかにすることが今後の課題である。

(7.4) オンラインチームワーキング課長研修

　ワークショップの計測・分析結果はどのように活用することができるのだろう
か。本節ではワークショップの計測・分析結果の活用事例として、オンラインチ
ームワーキング課長研修を紹介する。

（1）背景

　コロナ禍によりリモートワークのメリットとデメリットが明らかになった。ジ
ョブ型雇用が相応しい社員が高い生産性を示し、ワークライフバランスの向上を
実現できることが確認された一方、メンバーシップ型雇用が相応しい社員のモチ
ベーションを保ち、生産性の低下を防ぐことの難しさも明らかとなった。リモー
トワークを継続し、そのメリットを活かすことができる企業と、元の働き方に戻
る企業との間で生産性の格差が開いてゆくことが予想される。

　リモートワークを定着させるためには、あるいは、新たな感染症危機に対する
備えとしてリモートワークの実効性を高めるためには、チームリーダーを務める
ミドルマネージャーに新たなスキルが求められる。オンラインのミーティングで、
構成員の意識を共有するとともに互いの信頼関係を構築し、チームとして機能さ
せることが必要である。

　このような社会的ニーズに応えるために、i.school の運営母体である一般社団
法人日本社会イノベーションセンター（JSIC）ではオンラインチームワーキン
グ課長研修を実施している。オンラインでチームワークの質を高めるスキルを習
得する手法として、商品やサービスの新しいアイディアを発想するワークショッ
プを経験し、課員に対してそのワークショップを実践する。ワークショップのテ
ーマには、「消費者のニーズを収集する革新的手段」を取り上げた。

（2）研修の概要

　研修は次の３つのステップから構成される。

ステップ１：ワークショップの体験
・課長が参加者としてワークショップを体験する

- ・事前課題：未来シナリオ集と顧客の情報を収集する手段の事例集を読み、研修実施企業の未来の顧客とそのニーズに応える事業を考える
- ・ワークショップの流れ
  - − 顧客のニーズの分析
  - − 顧客のニーズを収集する手段事例の分析
  - − アナロジー思考によるアイディア発想
  - − アイディアの評価、選択、精緻化
  - − プレゼンテーション

ステップⅡ：課内ワークショップの実施
- ・各課長が課員を対象にオンラインワークショップを実施する
- ・ワークショップの内容はステップⅠと同じ
- ・課長、課員に対してアンケートを実施する
- ・Zoom 動画を記録し、コミュニケーション分析と笑顔分析を行う
- ・アンケート結果と動画の分析結果に基づき、フィードバック用資料を準備する

ステップⅢ：フィードバック
- ・フィードバック用資料に基づき、上司が各課長に対して個別にフィードバックを行う

（3）分析結果

　　ステップⅡの課内ワークショップの分析結果を示す。まず、6チームのコミュ

図 7-8
コミュニケーション・パターン

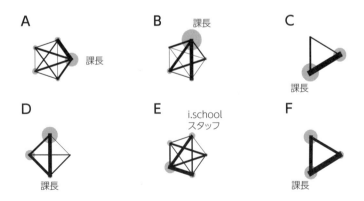

ニケーションのパターンを**図 7-8**に示す。A、B、C、D チームは課長と課員間のコミュニケーションが中心となっているのに対して、E、F チームは参加メンバー間で均等にコミュニケーションが行われている。なお、E チームは課長の代わりに i.school スタッフがファシリテーターを務めている。

　均等にコミュニケーションをとるチームの例として、E チームの対話の変動係数と笑顔比率の時間変化を**図 7-9**に示す。時間帯によって対話に参加する人が次々に交代している。14:30 や 15:30 付近では特にコミュニケーションが均等になされており、この時間帯では笑顔も多い。

　各チームの最終プレゼンテーションにおけるアイディアを評価した結果、E チームのアイディアは最も高い評価を得た。そのアイディアに関係する重要な議論は図中下側の黒点のタイミングで行われている。

　課長中心のコミュニケーションをとるチームの例として、B チームの対話の変動係数と笑顔比率の時間変化を**図 7-10**に示す。B チームではコミュニケーションのパターンの変化が少なく、どの時間帯も課員同士のコミュニケーションが少ない。また、E チームに比べて全体的に笑顔が少ない。

　次にアンケートの結果を**図 7-11**に示す。均等なコミュニケーションをとる E、F チームと、課長中心のコミュニケーションを取る A、B、C、D チームで課員のアンケート結果を比較した。議論の適切さに関する質問項目 Q1〜3、アイディア創出のモチベーションに関する Q4〜6、メンバーの仲の深まりに関する Q7 のいずれも全体的に E、F チームの方が高い結果となった。これは、均等な

図 7-9
E チームの対話の変動係数と笑顔比率の時間変化

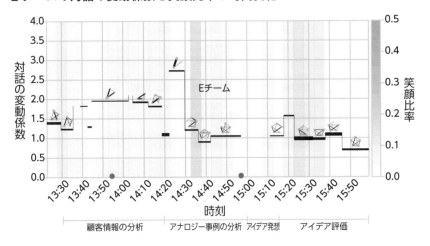

図 7-10

B チームの対話の変動係数と笑顔比率の時間変化

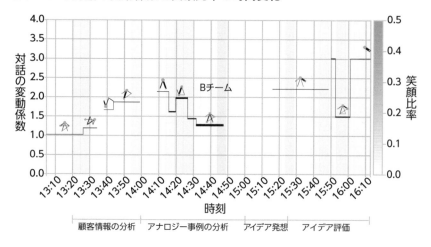

図 7-11
アンケート結果

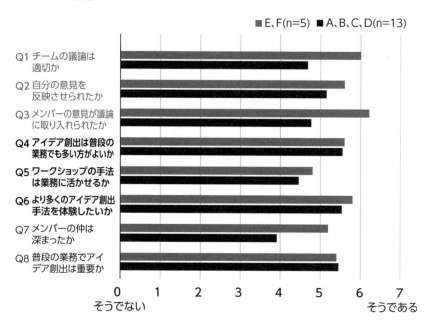

コミュニケーションをとるような議論を課員が望んでおり、かつそのような議論が課員のアイディア創出活動に対するモチベーションの向上につながること、そしてこのような議論がメンバーの仲を深める働きをすることを示唆している。

（4）フィードバックの内容と効果

フィードバックの内容の例として、Aチームの課長に対するフィードバックの概要を紹介する。提示したアンケート結果を**図 7-12**に示す。

Aチームの課長は普段の業務でもアイディア創出の機会はより多い方がよいと感じている（Q4）。一方、議論の仕方は適切でないという問題意識があり（Q1～3）、実際に課長中心のコミュニケーションとなっている。課員の心理的安全性スコアは比較的高いため、ファシリテーションの方法を変えれば均等な議論となることが予想される。そこで、均等なコミュニケーションをとるチームの議論の様子を見せ、ファシリテーションを改善する参考にしてもらうことが有効だろう。

図 7-12
A チームの課長と課員に対するアンケート結果

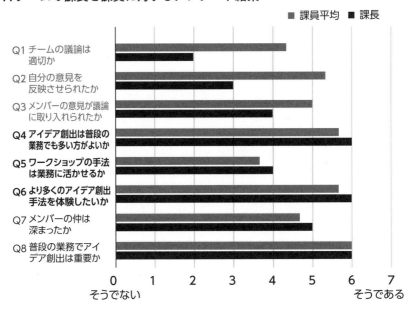

上司からのフィードバックに対して、課長からは、「データを見ると、課員同士の会話は意外と少なかったんだと思った」「自分の課は比較的若い人が多い。性格的にも大人しめで自己主張をしない人が多い。そうすると必然的に自分がリ

ードをしていかないと発言が出てこない」との発言があった。また、会話が均等な他のチームの動画を見て、「正直少し羨ましいとは感じた。課員同士の議論が課員同士で鼓舞し合って成長できるんだろうなとは思った。今は自分が引っ張っているが、慣れてきたら議員が自ら盛り上がれるようにしたい。そのやり方は考えていかなきゃいけないと思った」との発言があった。フィードバックの最後には、「今回の件を課員にフィードバックして、やり方を変えてみようと思う」と課長は語っていた。

このチームは、アンケートの結果から課員の心理的安全性（自由に発言できる状態）は高いことが分かっている。課内ワークショップでは、課員は話すタイミンをうかがうシーンが多かった。課長が感じているよりも課員は主体性を発揮できる可能性が高い。

アンケートの結果だけでなく、コミュニケーションのパターンや、笑顔の状態などを可視化し、他のチームとの比較をすることは、課長の気づきを促し、マインドセットの変化につながることが研修を通じて確認された。文章や言葉だけでなく、チームワークの状態を可視化することの効果は大きい。

おわりに

2009年に i.school を開始して以来、10年以上が経過した。本書はこの間の成果をまとめたものである。始めたときに何を考えていたのか、2009年度のアニュアルレポートに書いた文章を振り返ってみた。

2009年の成功を活かし、2010年にはより充実した、そして体系化されたワークショップを提供します。

全てのワークショップの位置づけを示すことができる理論的フレームワークを提示します。将来的には、i.school の活動を対象として研究を実施する研究組織の設置を目指します。

それは、認知科学、神経科学、数理工学、組織論等を専門とする研究者が集い、人間中心イノベーションが生み出されるメカニズムを研究することによって、イノベーションサイエンスを創り出す場となります。

その成果は、i.school のワークショップをより優れたものに進化させることにつながるでしょう。

今言っていることとほとんど変わらないことに驚かされる。初心を忘れていないと見るべきか、進歩していないということなのかは分からない。

10年というのは人間にとって意味のある時間のようだ。熟達研究でも、熟達者になるためには分野を問わず10年間の努力が必要であると言われている。良いものは10年間続けられるが、10年間やってみないと本当に良いかどうかは分からない、という説もある。

「新しくて有効なアイディアを生み出し、それを実現できる人材を育てる」ことを標榜し、10年以上やってきた。i.school では、起業家を育てることにはフォーカスを当てていない。様々な分野から学生が集まり、i.school での学びをそれぞれの分野で活かし、活躍することを目指している。以前『AERA』の編集部の方々から、一緒に何かやりたいという有り難いご要望を頂いた。なぜ i.school に関心を持ってくださったのかをうかがったところ、いろいろな分野で輝いてい

る若手にインタビューをしたら、多くの方が i.school の修了生だったからだとの答えを頂き、大変嬉しく思った。それがまさに i.school が目指していることである。

　i.school の修了生の有志が、スタートアップ、大企業、官公庁と多様な道に進む i.school 修了生12人にインタビューを行って、『解答のない参考書 ——人生をデザインするための12人のインタビュー』書誌情報という本を出版してくれた。「若者が自分の人生について考えるために参考にできる本があるとよい」という彼らの思いを形にしてくれた。

　i.school が良いものかどうかは社会が判断することだろう。しかし、10年以上やってきて、確かに確信のようなものが自分自身の中に生まれた。仮説が検証されたと言ってもよいかもしれない。次の10年のために、今考えていることを記しておきたい。

　「未来のイノベーション」と「現在のイノベーション」には大きな違いがある。その違いは、新規市場、新規顧客を対象とする破壊的イノベーションと、既存市場、既存顧客を対象とする持続的イノベーションとの違いに類似している。現在の困りごとを解消するイノベーションは「現在のイノベーション」である。それに対して、未来の困りごとを解消するイノベーションは「未来のイノベーション」である。

　i.school は「未来のイノベーション」を生み出す力を育てる教育プログラムを目指している。「未来のイノベーション」と「現在のイノベーション」とでは、アイディア創出の方法も異なるし、仮説検証の方法も異なる。「未来のイノベーション」のためのアイディア創出方法については、これまでの10年間である程度知見が蓄積されてきた。これから取り組んでいくべきことの一つは「未来のイノベーション」のための仮説検証の方法を確立することである。

　「未来のイノベーション」のためのアイディア創出においては、未来社会におけるニーズを把握することが最も重要である。例えば、未来シナリオの分析とエクストリームケースの分析により、未来社会におけるニーズを把握することができる。そのニーズに応える手段のアイディアを発想するのが、「未来のイノベーション」のためのアイディア創出である。そのアイディアが本当に未来社会におけるニーズを満たせるのかを確認することが、必要な仮説検証の一つだが、どうやってそれを確認すればよいのだろうか。仮説形成に有効な方法は、必ずしも仮説検証に有効とは限らない。むしろ違った方法が必要となるだろう。例えば、未来の兆しと考えられる人も現在の常識に囚われて判断してしまうのである。

　これまで取り組んできたことの中にも、まだまだ継続的に力を注いでいかなければならないことは多い。モチベーションを高める方法の確立もその一つである。

モチベーションは体験によって高まるものであり、どのような体験を提供するかが課題である。適切なテーマを選び、フィールド調査やインタビューを経験することもモチベーションを高めることにつながる。ワークショップ自体もモチベーションを高める体験となるはずだ。ワークショップの中で、グループ・フローと呼ぶべき、メンバー全員がチームワークに没頭するような瞬間を経験することもモチベーションを高めることにつながるだろう。グループ・フロー状態を起こすための、ワークショップのプロセスやファシリテーションの工夫を探究していきたい。

　次の10年にやるべきことを考え始めると、やりたいことが次々に思い浮かんできて、年甲斐もなくワクワクしてしまう。このような恵まれた環境を得ることができたのは、多くの方々のご協力、ご支援の賜物であり、深く感謝している。

　小宮山宏先生（元東京大学総長）の提唱された「知の構造化」というコンセプトに基づいて設置された「東京大学知の構造化センター」の初代センター長でおられた松本洋一郎先生（元東京大学副学長）よりバトンタッチさせて頂き、知の構造化センター長として i.school をスタートした。博報堂の立谷光太郎さん、粟田恵吾さんに確か中華料理屋で相談させて頂き、「ちょうどよい人がいる」と田村大さんを紹介して頂いた。i.school のブランド化やネットワークの構築などは田村さんによるところが大きい。初期の i.school は、私と田村さん、田村さんに紹介して頂いた小沢早百合さんの３人で回していたと言ってよい。田村さんの人脈で、i.school のロゴは博報堂デザインの永井一史さんにお願いすることができた。この本の表紙にも使わせて頂いた i.school のロゴが、i.school のブランドイメージを創ってくれた。小沢さんにまとめて頂いたアニュアルレポートやウェブサイトは i.school の魅力を伝え、ブランドイメージを磨き上げる役割を果たしてくれた。

　i.school のワークショップは、i.school のスタッフによるものだけではない。当初より、丸山幸伸さん、柴田吉隆さんが率いる日立製作所のデザインチーム、博報堂出身で現在は日本総研の粟田恵吾さんが率いる未来洞察チーム、イノベーションの世界においてカリスマとなった濱口秀司さん、英国王立美術院（Royal College of Art、RCA）から転籍し、現在は東京大学生産技術研究所所属の Miles Pennington 先生には、当初より毎年ワークショップを提供して頂いている。彼らの多様で魅力的なワークショップが i.school の価値を高めている。

　ご自身のやりたい活動を行うため、シンク・アンド・ドゥタンク、RE:PUBLIC を立ち上げ、i.school の仕事を離れた田村さんから引き継いで、i.school のディレクターを務めて頂いている横田幸信さんは、i.school の１期生だ。イノベーション創出・実現のためのコンサルティングファーム、i.lab を CEO として率いて

いる。

　2014-16年に文部科学省のグローバルアントレプレナー育成促進事業（EDGE プログラム）に採択された東京大学の事業を、産学連携本部の各務茂夫先生、医学系研究科の渋谷健司先生とともに実施した。採択された12校の共通基盤事業の幹事校として、イノベーション教育を普及する機会を頂いた。EDGE プログラムの関係で i.school のスタッフに加わって頂いたのは、小川悠さん、中山郁英さん、村越淳さん、新隼人さん、Lehtonen Miikka さん、Michael Bawiec さん、そして知の構造化センターの事務を一手に引き受けて頂いた木全弥栄さんだ。小川悠さんは i.school の２期生で、i.club を立ち上げて地域の高校生が地域資源を活かした新たなアイディアを提案する教育プログラムを提供している。そのアイディアをきっかけに地域の大人と連携し、商品ブランドとして実現させている。長くなってしまうので全員の活躍を紹介できないのが残念だが、i.school に関わった方々が、i.school での経験を活かして活躍していることを誇らしく思う。

　電子付箋 WEB ツール、APISNOTE は i.school のワークショップには欠かすことができないチームワークによるアイディア創出のための道具である。APISNOTE は知の構造化センターの中山浩太郎さんが開発を始めてくれた。その後、Michael Bawiec さんが開発を続けてくれている。UI（ユーザーインターフェース）を担当してくれた中島愛さんの貢献も大きい。2020年度、全てのワークショップをオンラインで例年通り実施できたのはAPISNOTEのおかげである。

　2016年に一般社団法人日本社会イノベーションセンター（Japan Social Innovation Center、JSIC）を設立し、2017年から i.school は JSIC が運営している。本書は JSIC が提供するファシリテーター養成プログラム、JSIC School の活動に基づいて執筆した。本書で紹介した結果やアイディアは、JSIC School の受講生によるものも多い。受講生の名前を全て記載することができず申し訳ないが、受講して頂いた全員に感謝申し上げる。

　現在、i.school ／ JSIC の運営を支えているのは、宮越浩子さん、鈴木諒子さん、翁理香さん、荻原恵子さん、それにインターン及びリサーチインターンの皆さんである。宮越さんは、あるシンポジウムで i.school のことを知り、i.school のために働きたいと申し出てくれた。「どんなに仕事を振って頂いても大丈夫です」という言葉通り、獅子奮迅の働きで i.school ／ JSIC を支えてくださっている。本書で紹介した事例の多くは宮越さんの手によるものである。インターンの彭思雄さんは、i.school の通年生として１年間学び、修了生となった後もインターンとして協力してくださり、今年で３年目となる。i.school ／ JSIC の運営を支えるとともに、リリ　 フ　ンタ　ンのリーダーとして、i.school ／ JSIC の研究活動を中心的に担っている。第７章の内容にはリサーチインターンの協力が大きな

役割を果たしている。

　以上のような多くの方々のご協力が、この本の出版につながっている。また、この本の出版にあたっては、児玉徳子さんにお世話になった。児玉さんにはこの本の出版にご協力頂くために、自ら JSIC School を受講して頂いた。

　最後にはなるが、日経 BP 日経デザイン編集部の大山繁樹さんに感謝申し上げたい。大学教員による硬い印象の強い原稿で、ビジネスパーソンの読み物にはとしては歓迎されないかもしれないが、今求められているのは根拠に基づいたアイディア創出の方法であり、根拠をしっかりと書き記すことが重要であるという著者のこだわりにお付き合いくださった。頂いた貴重なコメントにより、ビジネスパーソンにとっても意味ある読み物になったのではないかと思う。この点について感謝に堪えない。

　日本をイノベーティブな国にするというのが、i.school をスタートしたときの思いである。10 年間の努力と頂いたご協力の成果をまとめた本書が、日本をイノベーティブな国にすることに少しでも役立てば幸いである。

堀井 秀之（ほりい ひでゆき）

i.school エグゼクティブ・ディレクター／一般社団法人 日本社会イノベーションセンター（Japan Social Innovation Center、JSIC）代表理事、東京大学名誉教授

1980年東京大学工学部土木工学科卒業、ノースウェスタン大学大学院修士課程・博士課程修了、1996年より東京大学大学院工学系研究科社会基盤学専攻教授。専門は社会技術論、イノベーション教育論。2009年よりイノベーション教育プログラム、i.school をエグゼクティブ・ディレクターとして運営し、新しい製品、サービス、ビジネスモデル、社会システムなどのアイディアを生み出すことのできる人材を育成。社会技術の研究に基づき東京電力福島原子力発電所における事故調査・検証委員会（政府事故調）社会システム等検証チーム長を務める。2016年に一般社団法人日本社会イノベーションセンターを設立。政府、企業と i.school の学生・修了生が協働して社会イノベーションを推進する活動を通じて、実践的な教育機会を提供することを目指している。2018年に東京大学を退職。著書「問題解決のための『社会技術』」、「社会技術論：問題解決のデザイン」など。

イノベーションを生むワークショップの教科書
i.school流アイディア創出法

2021年7月12日　第1版第1刷発行

著　者	堀井 秀之
発行者	杉本 昭彦
編　集	日経デザイン（大山繁樹）
発　行	日経BP
発　売	日経BPマーケティング
	〒105-8308　東京都港区虎ノ門4-3-12
	https://www.nikkeibp.co.jp/books/
装　丁	小口翔平＋畑中茜（tobufune）
制　作	アーティザンカンパニー
印刷・製本	大日本印刷株式会社